La revue Legs et Littérature est une publication de l'Association Legs et Littérature (ALEL). L'Association remercie Carrol F. COATES, professeur émérite à l'Université de Binghamton (USA), pour son soutien.

Direction du numéro

Wébert Charles
Section Critique

Jean James Estépha
Section Créations et Entretiens

La rédaction

Les points de vue contenus dans les articles sont exprimés sous la responsabilité de leurs auteurs. Tous les textes de ce numéro sont protégés par le Bureau haitien du droit d'auteur (BHDA).

ISSN   : 2307-0234
ISBN   : 978-99970-86-16-7
LEGS ÉDITION
Dépôt légal : 15-06-365
Bibliothèque Nationale d'Haïti
Illustration : Pixabay.fr

Contact :
www.legsedition.com
legsetlitterature@venez.fr
509 49 28 78 11
509 37 48 59 51
26, Delmas 8, Port-au-Prince, Haïti.

Éditorial

DE QUOI PARLONS - NOUS ?

Un numéro de revue sur la nouvelle génération d'écrivains francophones a, aux yeux de tout amateur de littérature, une grande ambition. Parfois trop grande pour être réaliste. Car le thème même fait interagir des concepts sur lesquels il n'existe aucun consensus : francophonie et écrivains émergents. Mais de quoi parle-t-on ? Pour être sûrs que nous sommes en train de lire la même revue, je voudrais dès le départ, situer ce numéro non pas dans son contexte, mais de préférence dans ces concepts controversés.

En 2002, la revue littéraire *Notre Librairie*[1] publie un numéro spécial, consacré aux nouveaux auteurs de l'Afrique subsaharienne, de l'Océan indien et des Caraïbes ; mais surtout la nouvelle génération d'écrivains de ce que l'on appelle couramment la Francophonie. L'ancienne génération était celle des grands manitous de l'écriture et de la pensée négro-africaine : Léopold Sédar Senghor (1906-2001), Aimé Césaire (1913-2008), Léon-Gontran Damas (1912-1978), Édouard Glissant (1928-2011), Ahmadou Kourouma (1927-2003) notamment. C'est la première génération d'écrivains francophones reconnus à l'échelle internationale. Cette génération, celle des années 1910-1930, « dominait » la littérature de 1960 à 1990. Après cette période, une nouvelle génération d'écrivains commence à publier

---

1. « Nouvelle Génération », *Notre Librairie* No 146, Revue des littératures du Sud, 2002.

et à sortir des sentiers battus de la Négritude ou de la Créolité. C'est cette génération que le numéro 146 de la revue *Notre Librairie* qualifie de nouvelle génération. On y retrouve Dany Laferrière (1953), Yasmina Khadra (1955), Lyonel Trouillot (1956), Ananda Devi (1957), Alain Mabanckou (1966)… On peut ajouter dans la liste aisément Yanick Lahens (1953), Évelyne Trouillot (1954), Kettly Mars (1958), Louis-Philippe Dalembert (1962), pour Haïti ; Ernest Pépin (1950), Amadou Koné (1953), Patrick Chamoiseau (1953), notamment pour le reste de la Francophone. Les écrivains de la génération 1950-60 cités plus haut sont « confirmés ». Une génération qui commence à publier dans les années 1990, devenue mature, dirait-on, avec des esthétiques et des convictions qui diffèrent d'un auteur à l'autre.

Depuis les années 2000, particulièrement après le séisme du 12 janvier 2010, on assiste en Haïti à l'effervescence d'une nouvelle génération d'écrivains nés pour la plupart dans les années 1970-80. Cette génération *post-duvaliérienne* a déjà donné naissance à des écrivains qui émergent et d'autres plus ou moins installés comme Emmelie Prophète (1971), Bonel Auguste (1973), Guy Régis Junior (1974), James Noël (1978), Makenzy Orcel (1983), Evains Wêche (1984). Il faut également mentionner les écrivains comme Inéma Jeudi, Coutechève Lavoie Aupont, Jean Watson Charles, Kermonde Lovely Fifi qui ont fait leurs premières publications après le séisme. C'est cette effervescence que ce numéro de la revue *Legs et Littérature* tente de capter, tout en voyant ce qui se fait ailleurs.

Dans son article « Emmelie Prophète et Makenzy Orcel : d'un discours (inter)générationnel à une poésie de l'urbain » (p. 15), le critique littéraire Dieulermesson Petit Frère s'intéresse à ces deux figures de la « nouvelle génération », malgré un écart d'âge de douze ans et un écart de publication (l'âge littéraire, selon Bourdieu) moins important (sept ans). Pour Petit Frère, « *Emmelie Prophète et Makenzy Orcel sont deux voix fortes de la nouvelle donne littéraire haïtienne. Poètes et romanciers tous les deux, quoiqu'ils soient nés à un intervalle de douze années de*

« Depuis les années 2000, particulière-ment après le séisme du 12 janvier 2010, on assiste en Haïti à l'effervescence d'une nouvelle génération d'écrivains nés pour la plupart dans les années 1970-80 »

différence, ils ne sont pas pour autant si distants dans leurs choix thématiques et les problèmes soulevés dans leurs œuvres ». (p. 21).

Jean Watson Charles, de son côté, tente de faire un survol de la production littéraire des années 1980 dans son article titré « Haïti : les années 1980, d'une littérature à l'autre » (p. 45). Une production qui peine à se faire connaître. « *[...] les écrivains des années 1960 ont eu aujourd'hui leur notoriété, il n'en demeure pas moins que les jeunes écrivains sont toujours dans l'anonymat, malgré leurs divers efforts pour se faire publier* » (p. 48).

Jean James Estépha, dans « Guy Régis Junior : théâtre, engagement et absurdité » (p. 55) propose une lecture critique des œuvres du dramaturge Guy Régis Junior, spécialement de la pièce *De toute la terre le grand effarement*, dans le prisme de l'évolution du théâtre en Haïti. « *En Haïti, le théâtre est toute une richesse dont les origines remontent, d'une part, à la période précolombienne et, d'autre part, à la période coloniale* » (p. 57).

Didier Mukaleng Makal, depuis la ville de Lubumbashi en République démocratique du Congo (RDC), nous fait découvrir le poème fleuve de Christian Kunda, auteur congolais. *Ouvrez la porte, n'ayez pas peur* est un poème dans lequel « *Christian Kunda évoque aussi les frontières, les barrières qui jalonnent son parcours, et par extension, celui de la jeunesse. Des frontières plutôt mentales, des barrières psychologiques inscrites dans les cœurs des hommes, de ses proches. Le rejet des aînés, la volonté de freiner, de bloquer. La jalousie de partager son espace de vie, mais aussi la peur ou le doute d'oser* ». (p. 41)

Dans la deuxième partie de ce numéro, la parole est donnée à trois écrivains francophones émergents : James Noël, poète haïtien (p. 67), Aqiil Gopee, jeune écrivain mauricien plein d'avenir (p. 77) et Makenzy Orcel, poète haïtien, devenu romancier (p. 81). La rubrique *Portraits*, portant le titre « Quatre plumes émergentes », présente quatre figures francophones émergentes : le Togolais Joël Amah Ajavon (p. 89), et les Haïtiens Evains Wêche (p. 93), Lovely Kermonde Fifi (p. 95) et Inéma Jeudi (p. 98).

Enfin, dans les derniers chapitres de ce numéro de *Legs et Littérature*, sont publiés des notes de lecture des livres de Felwine Sarr (Sénégal), Marvin Vicor (Haïti), Wilfried N'Sondé (Congo), Evains Wêche (Haïti), Miguel Bonnefoy (Venezuela-France), Natasha Kanapé Fontaine (Canada), Bonel Auguste (Haïti), James Noël (Haïti), Asim KanAd (Togo) ; des poèmes et nouvelles de Vivant Ederi (France-Chine), Georges Cocks (Saint-Martin), Ayi Renaud Dossavi Alipoeh (Togo), Marie-Josée Desvignes (Haïti), Mekfouldji Abdelkrim (Algérie), Mirline Pierre (Haïti) et Sophie Boisson (Île de la Réunion).

Ce numéro de *Legs et Littérature* donne à lire et à sentir le bouillonnement d'une littérature émergente, la voix d'écrivains qui, plus tard, deviendront des incontournables de la littérature francophone. C'est ce coup d'œil en avant que nous vous proposons de faire avec nous dans les pages qui suivent !

« Ce numéro de Legs et Littérature donne à lire et à sentir le bouillon-nement d'une littérature émergente »

Wébert CHARLES, M.sc

Sommaire

Sommaire

• Créations

Sommaire

• Première partie

Les plumes francophones émergentes

Emmelie Prophète et Makenzy Orcel : d'un discours (inter)générationnel à une poésie de l'urbain

Ancien élève de l'École Normale Supérieure, Dieulermesson PETIT FRERE est éditeur et critique littéraire. Professeur d'Université et détenteur d'une maîtrise en Lettres de l'Université des Antilles et de la Guyane, et d'un diplôme d'études post-graduées en Élaboration et conception du curriculum de l'Université Catholique d'Uruguay, il travaille actuellement sur les notions d'identités, famille, mémoire et révolte chez Marie NDiaye pour l'obtention d'un master 2 en Littératures, Idées et Poétiques à l'Université Blaise Pascal (Clermont-Ferrand II). Co-auteur de l'essai 50 livres haïtiens cultes qu'il faut avoir lus dans sa vie, d'un récit, ...des maux et des rues (2014), il est l'auteur de deux recueils de poèmes Rêves errants (2013) et Romances du levant (2014) et d'un livre pour enfant titré Je découvre... Viviane Gauthier (2014).

Résumé

La littérature haïtienne contemporaine fait face, de nos jours, à une bataille rangée entre deux catégories d'écrivains : ceux nés dans le courant des années 1950 et ceux des années 1970-80. Une sorte de conflit générationnel ou querelle des Anciens et des Modernes due à l'émergence de nouvelles voix qui, dans les prochaines années imprimeront de nouvelles voies à la production littéraire. De ce courant, deux figures poétiques converties plus tard en romancier retiennent notre attention : Emmelie Prophète et Makenzy Orcel.

Mots clés

Littérature, génération littéraire, ville, conflit générationnel, Poésie.

EMMELIE PROPHÈTE ET MAKENZY ORCEL : D'UN DISCOURS (INTER)GÉNÉRATIONNEL À UNE POÉSIE DE L'URBAIN

Comment reconnaît-on une génération littéraire ? Existe-t-il un ou des critères universaux permettant de déterminer, au premier regard, la génération à laquelle appartient tel écrivain ou groupe de créateurs littéraires ? En plus des facteurs liés à l'âge, il existe également d'autres renvoyant aux tendances esthétiques voire les choix thématiques, de façon restreinte, de tel écrivain ou groupe d'écrivains considérés indépendamment de leur appartenance ou mouvance littéraire ou, de manière plus large, de telles écoles ou tendances littéraires ou tout simplement de l'époque à laquelle ils appartiennent. En effet, dans la vie courante comme en histoire et en littérature, il y a cette tendance ou cette volonté de classer les écrivains ou les créateurs selon qu'ils sont compris entre telle période historique voire telle période d'activité littéraire.

En effet, s'il faut croire le critique littéraire David M. Hayne, le concept de génération littéraire renvoie à une certaine idée de périodisation ou, de façon plus large, à une forme de catégorisation de la production littéraire suivant des facteurs liés, dans beaucoup de cas, à l'âge : « Le concept d'une génération littéraire implique le classement des auteurs d'une littérature selon leur date de naissance plutôt que selon leur période d'activité littéraire, très variable de toute façon[1] ». Certainement toute forme de classement ou catégorisation entraîne, que l'on veuille ou non, une sorte d'injustice en ce sens que le choix ou la décision relèverait de l'arbitraire. Peu importe la méthode ou la formule utilisée, elle se révèlera tôt ou tard dangereuse ou exclusiviste vu qu'il y aura toujours une part de subjectivité liée au tempérament de l'auteur et/ou de la tendance (qu'elle soit littéraire, sympathique ou esthétique) – question d'affinités – qui prévaut au cours de l'époque. Aussi y aura-t-il des auteurs considérés comme secondaires ou tout simplement comme négligeables, soit parce que leurs œuvres ne font pas vraiment écho dans la critique, soit qu'elles sont médiocres et négligées pour cause, soit que la pensée véhiculée va à l'encontre des conceptions ou considérations de l'heure (dans une certaine mesure, on dit que l'auteur est en avance sur son temps, le cas d'Isidore Ducasse (Lautréamont dans la littérature française, par exemple, négligé par les Romantiques et réhabilités par les Surréalistes). Même cas de figure pour Magloire Saint-Aude dans la littérature haïtienne longtemps qualifié d'hermétique et mis de côté parce que son œuvre a été peu accessible au lecteur, donc incomprise, et rangé dans la catégorie d'écrivain dont l'œuvre se veut insaisissable.

Cela dit, certaines classifications peuvent bien se révéler fausses ou insuffisantes parce que ne tenant pas compte de la valeur ou la situation historique ou tout simplement du courant de pensée qui a prévalu à l'époque. Et nous le répétons, il y aura toujours des écrivains à être négligés ou laissés de côté par la critique par le simple fait qu'il faut faire un choix en fonction d'une série de critères qui peuvent, selon le cas, renvoyer aux questions esthétiques et thématiques.

---

1. David M. Hayne, « Les générations littéraires au Canada français : une tentative de périodisation », *Mélanges de civilisation canadienne-française offerts au professeur Paul Wyczynski*, volume 10, Ottawa, éd. de l'Université d'Ottawa, vol. 10, 1977, pp. 113-119. Pour Hayne, l'avantage que présente une telle démarche est qu'elle permet de « reposer sur un fait précis susceptible de vérification documentaire, et de partir d'une compilation relativement objective, à savoir la préparation de listes de tous les auteurs connus d'une littérature.[…] Il est du reste loisible de rapprocher ces auteurs de leurs contemporains ayant œuvré dans d'autres domaines d'activité intellectuelle ou artistique, notamment dans celui des beaux-arts. Enfin, le classement par date de naissance permet de grouper des écrivains à des intervalles de quelques années, de façon à faire ressortir les ressemblances et les contrastes : rien ne s'oppose à ce que, selon ce modèle, plusieurs courants contradictoires se juxtaposent à une même époque. L'historien de la littérature se libère par conséquent de la camisole de force que lui impose la périodisation traditionnelle conçue en fonction de siècles ou de mouvements monolithiques ».

Au fait, tout n'est qu'une affaire ou histoire de compromis, selon Henri Peyre, cité par Van Welkenhuyzen[2]. En dépit du fait que tout découpage de l'histoire de la littérature – quel que soit le pays considéré – nécessiterait le recours à des dates, quelle que soit la forme de division retenue ou prise en compte : périodes ou époques (pionnière, romantique, symbolique, indigéniste dans le cas d'Haïti), siècles (moyen-âge, renaissance, classique, philoso-phique, romantique) dans le cas de la France, ou encore à la différenciation en écoles, courants, mouvements et cénacles (les frères Nau ou école de 1836 et l'école indigéniste pour Haïti, le Cénacle de 1820 en France constitué autour de Hugo, Vigny et Dumas).

Benoît Denis, de son côté, ne voit pas la question différemment. Ses propos s'inscrivent dans la même veine. À ses yeux, « la notion de génération littéraire » permet de désigner des ensembles d'auteurs qui ont sensiblement le même âge et dont on suppose dès lors qu'ils ont été façonnés et déterminés par les mêmes circonstances et le même contexte[3] ». Pour lui, la notion pose problème. Aussi revient-il sur le rythme de renouvellement générationnel. Si Sainte-Beuve fixe à quinze ans « le temps qu'il faut à une génération pour se produire, pour naître, fleurir et régner, puis se trouver en face d'une autre génération nouvelle, déjà grandie, laquelle à son tour lui dispute l'empire[4] », Thibaudet, de son côté situe l'intervalle entre 30 à 35 ans, tout en reconnaissant qu'il existe ce qu'il appelle des « générations intermédiaires ». Pour Peyre, les générations naissent tous les dix ans. Si, aux yeux de Denis, il est difficile de « fixer précieusement le moment où apparaît une nouvelle génération », il voit cependant dans l'histoire politique un élément important dans le découpage, en ce sens qu'il soit considéré comme point de départ.

2. Van Welkenhuyzen, « Les générations littéraires », *Revue belge de philologie et d'histoire*, tome 28, fascicules 3-4, 1950, pp.1160-1162, http://www.persee.fr/doc/rbph_0035-0818_1950_num_28_3_2071_t1_1160_0000_1, Consulté le 31 mars 2016.
3. Benoît Denis, « Génération littéraire », *Le dictionnaire du littéraire*, Paris, PUF/Quadrige, 2010, pp. 316-317. Auteur d'une thèse consacrée à Jean-Paul Sartre et à la genèse de sa conception de l'engagement littéraire, Benoît Denis souligne que la notion est utilisée pour discerner dans l'histoire littéraire, au sein des périodes, des sous-ensembles, des durées plus brèves.
4. Moravu, Viorel-Dragos, « Comment mesurer une génération littéraire : la durée », *Les générations dans l'histoire littéraire*, troisième partie, chap. 11, thèse de doctorat présenté à l'Université Laval en 2009. http://theses.ulaval.ca/archimede/fichiers/26155/26155.html, Consulté le 04 avril 2016.

Considérées sous les angles chronologique et/ou synchronique, les années 1970 en Haïti représentent une époque phare comme point de départ de la naissance d'une nouvelle génération d'écrivains. On est à la fin du règne de la première phase de la dictature duvaliériste, juste un an avant la mort de Papa Doc. Le pays vit ses moments les plus sombres, car le vieux médecin de campagne est rongé par la maladie et sa vie ne tient qu'à une ficelle. Toutefois, il reste maître de la situation politique et use encore de son pouvoir pour faire avancer la machine politique selon ses caprices. Nombre d'intellectuels ont, par la force des choses, dès les premières décennies, pris le chemin de l'exil. Quand d'autres ont tout simplement choisi de composer ou pactiser avec le régime. D'autres membres de la population n'avaient d'autres alternatives que de fuir la pauvreté en se dirigeant vers d'autres cieux.

C'est l'époque aussi de l'explosion artistique en Haïti. Le Centre d'art étant créé en 1945, vers les années 1970 les peintres Jean-Claude Garoute, dit Tiga et Maud Robart créent le mouvement Saint-Soleil. En littérature, Marie Vieux-Chauvet publie en 1968 *Amour, Colère et Folie*, une trilogie romanesque qui dénonce les tares d'une société rongée par l'hypocrisie, le mensonge, les inégalités et surtout les interdits. La même année, Nadine Magloire fait paraître *Le mal de vivre,* un roman qui s'inscrit dans la même veine. Deux grands récits qui disent long sur des sujets longtemps considérés comme tabou et évoquent l'ouverture et la liberté d'esprit des auteures. Vraiment deux livres qui inscrivent le genre romanesque haïtien dans une forme de modernité. En 1974, Gérard Étienne publie *Le nègre crucifié*, un roman d'une rare violence qui donne à voir la vie dans les prisons sous Duvalier. En 1975, Frankétienne signe *Dezafi*, le premier roman créole de la littérature haïtienne, encore un autre livre sur la dictature. D'autres livres, entre autres *Moins l'infini* (1973) d'Anthony Phelps, dans lequel l'auteur pleure la mort d'anciens camarades victimes de la barbarie duvaliériste, ont tout aussi marqué la mémoire.

Si cette période a vu naître nombre de textes qui traduisent les tragiques réalités de l'époque, elle a également consacré la naissance de nombre de jeunes qui sont devenus, trente ans plus tard, des figures montantes de la littérature d'Haïti, en particulier, et de la littérature francophone, en général. Farah Martine Lhérisson (1970), Emmelie Prophète (1971), Bonel Auguste (1973), James Noël (1978), Makenzy Orcel (1983) sont de cette génération d'écrivains qui supplantent progressivement la littérature du début des années

2000 et d'autres qui, au cours de la décennie qui suit, commencent à y déposer leurs marques. Ils sonnent ainsi le glas de l'ère Trouillot. C'est donc, avec eux, la mort du père autoproclamé et chef de clan, quoique certains d'entre eux, issus de sa petite chapelle, lui vouent encore une admiration et une adoration fidèle.

Emmelie Prophète et Makenzy Orcel sont deux voix fortes de la nouvelle donne littéraire haïtienne. Poètes et romanciers tous les deux, quoiqu'ils soient nés à un intervalle de douze années de différence, ils ne sont pas pour autant si distants dans leurs choix thématiques et les problèmes soulevés dans leurs œuvres. Si dans le récit ils ne se sont pas du tout montrés indifférents à des questions touchant l'ordre social, entre autres, la misère et la pauvreté qui sévissent dans les quartiers pauvres et populeux qui poussent les gens à se livrer à tout pour sauver le quotidien[5], leur production poétique se ressemble en bien de points. Le désespoir des uns et l'incertitude des autres, l'effondrement du pays, la hantise ou l'obsession de la ville, des rues et des îles, et ces corps qui marchent à la rencontre de l'autre ou de son double. La géographie des poètes mélange autant des lieux que des contours du corps avec ses zones érogènes, les coins solitaires et les bruits qui allument ou alimentent les lignes du désir. Leur poésie est aussi affaire de voyage, de mouvement et d'errance. Les traces de pas laissés dans les rues, « l'envie des trottoirs » ou « des fleurs aux trottoirs » témoignent de leur appartenance à la ville autant qu'ils restituent « les décombres de l'enfance ».

Makenzy Orcel, le point d'aube

Mackenzy Orcel est né seulement en 1983, quelques trois années avant la chute de Baby Doc. Cet ancien étudiant de la Faculté de linguistique appliquée a abandonné, dit-il, ses études pour se consacrer à la littérature. De 2007,

---

5. La petite Shakira dans *Les immortelles* d'Orcel y compris les autres putes de la grand-rue tout comme Sara, la sœur de Daniel dans *Impasse dignité* de Prophète se prostituent par nécessité. Parce qu'elles ont « l'âge de leurs besoins ».Tous les personnages d'*Impasse dignité* –de la famille de José jusqu'à ses voisins, Ti Blanc, Claire, Lucie- sont pris dans ce filet. Dans *Le testament des solitudes*, le scepticisme des femmes face à ce permis de rêver d'un mieux-être au pays natal est à son comble. Désespérées, bafouées et ravagées par les soubresauts de l'existence, la seule option possible n'est autre que partir. Avec *Les latrines,* Orcel fait une plongée dans les bas-fonds de la ville. Histoire des gens de basses conditions, ceux qui survivent, s'humilient au quotidien pour ne pas plonger dans la merde.

année de parution de son premier livre, à 2015 qui marque son retour à la poésie[6], il ne semble pas prendre de pause. Considéré comme une voix forte de la relève littéraire haïtienne[7], il ne fait point de doute que ce dandy qui, à une certaine époque, avait établi ses quartiers à l'avenue Magloire Ambroise a encore beaucoup de billes dans son sac, lui qui n'arrête surtout pas d'explorer les abysses de la société haïtienne et d'extraire les folies, les fantasmes et les maux qui l'empoisonnent.

Makenzy Orcel « écrit pour ne pas flancher. Pour être debout dans les phrases. Pour la dignité de son peuple […] ». C'est en ces termes que son éditeur, Rodney Saint-Éloi, le présente dans la préface de son recueil, *À l'aube des traversées et autres poèmes* (2010). Il faisait partie autrefois de cette génération d'écrivains qui croient que les poètes maudits sont encore à la mode. De nos jours, cela a un peu changé. On le voit de moins en moins à présent dans les bars de la place, une bouteille de bière à la main, yeux mi-clos, avec ses tresses, le visage moite et fatigué, discuter de poésie et de musique, traînant derrière lui ses histoires de baise.

La poésie d'Orcel naît des entrailles d'une terre qu'il semble porter du plus profond de son être. Une terre/nue/nouée à l'encre de la vie, de l'enfance, de la mémoire, du rêve et de la blessure. La terre comme la ville, le temps (donc le passé) avec ces retours sur l'enfance, en un mot la mémoire et les souvenirs sont des éléments forts de son cru poétique. C'est surtout dans les premiers poèmes du recueil qui n'est, au fait, qu'une anthologie[8] que se manifeste le plus cet attachement à cette terre qui devient au fil des textes une douloureuse traversée, une damnée de l'étreinte, une fleur d'hématome pousse dans nos songes remplis de chagrins et de peur à chaque fois que l'on revient à l'idée que la mort est le miroir/de l'immense.

---

6. Il signe aux éditions La contre allée, *La nuit des terrasses*, recueil de poèmes qui se veut un hymne à la vie, au plaisir. On y retrouve un poète qui fait « la tournée des bars », cet endroit préféré des artistes, en quête de paradis artificiels.

7. La parution de son premier roman 2010, *Les immortelles*, le tout premier récit sur le séisme a fait couler beaucoup d'encre dans le milieu littéraire tant en Haïti qu'à l'étranger. Et dans un article paru dans les colonnes du quotidien *Le Nouvelliste* le 10 septembre de la même année, Alain Mabanckou a parlé de lui en ces termes : « Avec Les immortelles, Makenzy Orcel s'impose comme le chef de fil de la relève des lettres haïtiennes ». http://lenouvelliste.com/lenouvelliste/article/108803/La-releve-haitienne, Consulté le 26 février 2016.

8. *À l'aube des traverses et autres poèmes* est une anthologie qui regroupe les poèmes de *La douleur de l'étreinte* et *Sans ailleurs* parus respectivement en 2007 et 2009 à Port-au-Prince. Le premier a paru chez les éditions Henri Deschamps et le second a été fait à compte d'auteur.

Poète de la nouvelle génération, Makenzy Orcel s'est accroché à l'écriture comme un poisson ayant mordu à l'hameçon. S'il n'a pas su boucler ses études de premier cycle et avoir un grade universitaire, c'est surtout à cause de l'écriture. Sa poésie est lumière, ombre, sexe, jeux interdits et désirs. Outre la douleur de son île qui traverse ses vers, il y a chez lui cette force, ce mysticisme qui lui insuffle la puissance du rêve, le goût du bonheur collectif en dépit du fait qu'il sait que les temps sont durs et que tout n'est qu'illusion.

nos rêves sont plus courts
que nos bras (p. 91)
Mais il ne déchante pas car il croit fermement que
il y a aura toujours
un dernier soleil
dans la futaie des graffitis (p. 118).

Dans *Sans ailleurs*, le poète prend plutôt la figure d'un errant qui cherche l'aube à travers la nuit, sans fenêtre, où la lumière crie/la blessure. Même si les lieux d'errance ne sont pas nommément cités, l'on sent le bruit de ses pas dans la marge du poème et les traces qu'il a laissées sur la page. Cette île blessée, cette ville bourrée de stridences qu'il réclame, ces rues où il déchire la mémoire/de s[m]es errances, la mer qui monte sur le toit, sans oublier les rues de l'enfance où le poète s'évade pour écrire le pays rêvé.

Dans *Poésie et création*[9], le poète argentin Roberto Juarroz revient sur une réflexion de Gaston Bachelard à propos de la poésie dans laquelle il dit que « La poésie a un bonheur qui lui est propre, quel que soit le drame qu'elle découvre ». Et Juarroz à son tour d'ajouter que « la poésie affronte le réel, le reconnaît, le convertit en mots. [...], si quelque chose ressemble au salut, si peu que ce soit, c'est la poésie ». À lire la poésie d'Orcel, l'on sent, en quelques points, ce bonheur (perdu et retrouvé) et cette confrontation au réel —ce quotidien macabre et douloureux qu'il est donné de voir à travers les différentes images renvoyées par la terre, la ville coincée entre la mort et la minijupe/de l'inconnue. Jamais sa vue ne s'est détachée de cette ville

9. Juarroz, Roberto, *Poésie et création*, José Corti, 2010, pp. 54-55. Traduit de l'espagnol par Fernand Verhesen, le livre porte en sous-titres Dialogues avec Guillermo Boido. Il s'agit au fait d'entretiens que ce dernier a réalisés avec le poète vers les années 70 et qui a paru d'abord en 1980. La version française a été publiée sept années après, soit en 1987 puis réédité en 2010, soit quinze ans après la mort du poète.

légendaire et chaotique, ces rues ridées de l'enfance, ces quotidiens de fortune. Dans *La douleur de l'étreinte*, le dernier livre de l'anthologie, deux choses attirent l'attention. Deux événements ou plutôt deux désirs qui s'expriment et se font sentir : le voyage et la femme. Le poète a besoin d'espace autant qu'il rêve de corps. Les deux procurent des sensations douces et fortes. Pour le premier, il y a tout un vocabulaire qui se décline : mer, voyages bleus, voilier, dérive insulaire, vagues, coquillage, pirogues, rives, île. Mais celui qui semble le plus l'enchanter, c'est le voyage intime, dans les terres de l'orgasme. Car l'univers du poème recèle plutôt une odeur de femme, de corps, de seins et de sexe. Face à la tendresse, le plaisir et l'émerveillement suscités par le corps de la femme, le poète s'écrie :

ton corps
unique phare
pour le poète en berne (p. 108)

Le poète est amoureux fou et revient sur ses amours avec la fougue d'un évadé de prison.

nous nous aimions
sans visage
sans fenêtre [...]
une fois pour toutes
avec des pierres en corsage de mai (p. 98).

Il adore les seins, les hanches et les baisers qui font de la bouche/cette patrie d'eau et d'effluve.

En effet, la poésie de Makenzy Orcel s'ouvre sur une belle aventure. Le poète, comme il le souligne lui-même, arrive de la blessure. Tout comme son île. Et l'on sent cette partie de sa terre fissurée qu'il traîne le long de ses vers.

Emmelie Prophète, remplir la marge

La poésie d'Emmelie Prophète a quelque chose de particulier. Un goût de lard pour paraphraser Syto Cavé. Une odeur de musc ou d'encens. Qui scotche le lecteur au premier regard jeté sur la page pour s'enivrer du parfum des mots qui défilent. C'est une poésie qui se lit à petite gorgée et invite à traverser les carrefours de tous les plaisirs minuscules de l'avant-jour. L'on ne connaît pas grand-chose sur son parcours académique, née en 1971 et ayant publié son premier livre, *Des marges à remplir* suivi de *Mes amours du mois de mai* en 2000 aux éditions Mémoire, dans la foulée des écrivains de la génération Mémoire, elle appartient plutôt à la génération qui la suit. En dépit du fait, qu'elle côtoie des écrivains comme Dany Laferrière, Evelyne et Lyonel Trouillot qui passe pour être le pape de la littérature haïtienne, Kettly Mars et Yanick Lahens, elle appartient plutôt à la nouvelle génération. Celle de Bonel Auguste, James Noël, Makenzy Orcel et, à la limite, Kermonde Lovely Fifi et Wébert Charles. Même Lyonel Trouillot ne fait pas mention d'elle dans son fameux article sur la génération des Éditions Mémoire[10]. Elle n'était, à l'époque qu'une illustre inconnue ou plutôt un écrivain en miniature.

En effet, les poèmes de ce recueil présentent l'allure d'une lettre ou de morceaux épars d'un journal intime. Certaines fois, ils font naître l'idée d'un testament. D'une plainte. Avec des traces de solitude. Des tranches de vie. Des parts de rêves et de solitude. Un dialogue amoureux avec l'autre qui n'a jusqu'ici regardé la vie que par le bas/des marges à remplir. Elle vit au creux des souvenirs laissés très loin du premier mot d'amour.

À l'heure où le silence
prend la place des ombres
j'entends encore
le mouvement de ton corps
qui se répète (p. 22)

Malgré le départ de l'être aimé, la poétesse est là, confinée dans cette solitude avec s[m]es mains qui l[t]e suivent partout, à regarder le bonheur s'en aller par le trou de son [votre] blue-jean la seule fenêtre/qui donne sur l'espoir. Dans l'univers du poème, l'autre parle bas dans les rêves de l'auteure. Son existence ne tient qu'à ses folies, ses passions, son strict nécessaire.

---

10. Trouillot, Lyonel, « Haïti 90 : Esthétique du délabrement »,
https://parolenarchipel.wordpress.com/2013/10/15/haiti-90-lesthetique-du-delabrement/,
Consulté le 20 mars 2016. L'article en question prend en compte dix années de production poétique (1990-2000).

Je traînai
à rebours de tes passions
aux vents des blessures de prison (p. 29)

D'où la prolifération des pronoms personnels « tu », « vous », et ce « nous » inclusif qui traduisent un attachement éternel à l'être aimé ou rêvé autant bien que leur corps à corps *des marges à remplir*. Et le « je » qui appelle toujours le « tu » ou l'adjectif possessif qui renvoie toujours l'image ou l'esprit d'appartenance.

Je te rature de nuits et de rêves.
Je plante autour de nos yeux les dernières balises du silence. (p. 39)

La poétesse languit. Elle se perd et se cherche dans ses rêves de trottoirs très loin du premier mot d'amour. Déambule et se réinvente au travers des mots. Tente de créer une porte de sortie, une passerelle de secours à travers l'autre, à force de nuits et de rêves raturés pour convoiter son bonheur. Pour conjurer l'absence et son goût amer. Les vers sont mouillés de regrets, de remords qui rongent toutes les marges du poème. Tant il devient difficile de coudre les plaies laissées par le départ de l'autre, après avoir emporté toutes les promesses -folles- que le temps a émises dans l'espace d'un cillement. Elle avait tellement besoin d'espace. Car elle a semé la solitude le long de m[s]es murs et la nuit ne s'achève jamais dans ses yeux mouillés de pluie.
L'auteure vit dans une éternelle incertitude. Un flou accompagnant chaque lendemain qui se dessine devant ses yeux. L'autre est parti vers l'on ne sait où avec, sur ses bras, toutes les nuits à venir et depuis, son corps est resté quelque part comme une mauvaise habitude. Difficile pour elle de s'en détacher. Avec tant de marges à remplir, de vide à combler. Le poème est plein de tendresse et de mélancolie. D'amour aussi. D'amour fou, calciné, à bout de souffle pour dire l'absence.

Le seul repère que je possède c'est ton visage sous une
lumière fantôme. Le désir de toi était venu comme la
rumeur. Un vague souvenir de bouquins pour enfants. Une
leçon apprise il y a longtemps. (p. 54)

Même si elle est plutôt traversée par d'autres préoccupations, dans *Sur parure d'ombre* (2004), la situation de malheureuse, d'abandonnée de la poétesse n'a pas pour autant changé. L'on sent toujours ce besoin d'amour, cette soif, cette envie d'être à deux qui traverse les vers. Cette même incertitude, en dépit de cette envie de voyage, de prendre le large à contresens de la mer rien que pour s'abreuver des amours tardives.

Mes mains ont peur d'aborder l'oubli
Mon rêve pauvre accoste chaque soir
Au pied de ton lit lointain. (p. 28)

Son corps est encore rempli de l'ombre et du parfum de l'autre.
Et je suis encore presque vierge de folie
J'ai gardé les voyelles de ce soir sans adresse
Où l'on a partagé la timidité
Comme un pain (p. 20)

Pourtant la publication de ce deuxième recueil de poèmes –son dernier jusqu'à présent puisque depuis, l'auteure a passé au genre narratif- ne nous a pas permis de découvrir peut-être une autre Emmelie Prophète. Ce livre n'a pas eu autant d'écho que le premier. Mais il y a toujours ce regret qui envahit les pages comme on en a vu dans le premier livre, lequel présente une poétesse qui pleurniche sur sa situation d'abandonnée.

Tu avais la mention que je mets souvent sur mes désirs
Provisoire. Je te pris pas la main, dévalai avec tous
les sens uniques.
Tu étais comme la pluie. Que pouvais-je faire de toi ? (p. 18)

Urbanité, barbarisme et modernité : de la catastrophe à la solitude

À lire la poésie de Prophète et d'Orcel, il est évident que l'on n'a pas affaire à des poètes décrypteurs de sens desquels le monde serait incarné, mais ces poètes pour qui « la poésie est un jeu de mots, un jeu avec les mots[11] », d'où le

11. Daniel Leuwers, « Les mutations : La poésie contemporaine », *Introduction à la poésie moderne et contemporaine*, Paris, Dunod, 1998, p. 108.

sens surgira, en effet, du langage même. De nos jours et ceci depuis que le surréalisme a chanté les funérailles du romantisme en France, il devient évident que le domaine de la poésie ne tient plus aux exigences de quelques procédés thématiques. Ce qui fait que finalement « la question du thème poétique est donc aujourd'hui sans objet[12] ». Cependant, cela n'enlève rien à la poésie, car le travail sur la langue qu'effectue le poète n'est pas appelé à influer « la substance concrète du discours[13] » encore moins son « aspect extérieur, matériel ». Déjà avec Baudelaire, Rimbaud et Gautier, la vision schématique ou plutôt mécanique de l'écriture poétique avait cédé la place à une conception plus libre (ou libérée par rapport aux traditions, normes et dogmes) mettant ainsi l'esthétisme au cœur de la création artistique, une sorte de sublimation du présent. La poésie d'Emmelie Prophète et de Makenzy Orcel a une valeur intrinsèque de sorte que leurs vers ne peuvent être assimilés à des clichés ou à un quelconque gain à la « loterie littéraire » (en dépit de la simplicité flagrante du vers de Prophète).

D'où cette question qui fait surface : considérant la poésie comme le langage dans sa fonction esthétique, les poètes haïtiens de la nouvelle génération sont-ils modernes ? Qu'est-ce qui caractérise particulièrement leur poésie ? À quelle thématique particulière se sont-ils vraiment intéressés ? Aussi existe-t-il chez ces poètes, comme cela a été le cas avec les précédents, une exaltation et une obsession de la ville (qui prend une forme légendaire) et du corps (nu) qui participent autant de l'émerveillement qu'au plaisir de l'amour fou ou de la folie amoureuse. Encore faut-il souligner que ce n'est pas tant les variantes thématiques qui font de nos jours le poème ou la poésie.

Partant de la conception baudelairienne qui fait de la modernité « la résultante d'une innovation thématique et d'une transformation poétique », l'on dira que Prophète et Orcel sont résolument modernes. Tant sur le plan de la forme donc de la structure (pour rester proche du formalisme) que de la thématique. La ville, l'une des thématiques phares qui abondent dans l'œuvre de Charles Baudelaire, occupe une place assez importante dans la poésie de Prophète-Orcel. Si l'entrée de la ville dans la poésie au 19ème siècle serait, dans une certaine mesure, une coïncidence de la révolution industrielle qui a donc bouleversé le paysage urbain et social, il ne fait pas de doute que son

---

12. Roman Jakobson, « Qu'est-ce que la poésie ?», *Huit questions de poétique*, Paris, Points, 1977, p. 32.
13. Idem, p. 90.

appropriation dans la poésie haïtienne s'est faite avec la chute de la dictature de Baby Doc. Même si des poètes comme Brouard, Davertige, Castera, Phelps, Philoctète l'ont célébrée peu avant, mais c'est surtout le renversement de la dictature, la libéralisation de la parole qui a donné lieu à une véritable manifestation de la vie urbaine dans la poésie. Ce qui est pourtant différent du roman car dès le début du siècle la ville se veut l'espace privilégié du lieu d'action de la plupart des romans haïtiens. Omabarigore, Arcahaie, Port-au-Prince (et ses environs : Poste Marchand, Babiole, ruelle Piquant, Champs-de-Mars, Magloire Ambroise, Bois-Verna, Pacot, La Saline...), Pétion-Ville, Ville-Bonheur, Artibonite sont quelques-unes de ces villes qui marchent[14] dans la poésie haïtienne contemporaine. Dès fois, même si la ville n'est pas nommée, sa présence se trouve dissimulée dans la marge du poème.

Dans la poésie de Prophète-Orcel, il y cette idéalisation obsédante de la ville qui n'est pas clairement nommée. Quand il n'est plus question de ces lieux inventés, rêvés qui peuplent leur imaginaire, certains indices laissent croire qu'il s'agit bien d'une rue de Port-au-Prince quand il ne s'agit pas de la ville elle-même. Aussi *Sans ailleurs* d'Orcel est-il dédié « aux fous du bar de la rue Magloire Ambroise ! » Quoique le poète n'ait, même une seule fois, cité le nom de Port-au-Prince dans les poèmes, on voit bien qu'il s'agit d'elle. Même constat pour Prophète, mis à part dans *Mes amours du mois de mai* dans lequel la capitale est nommément citée.

Et je longe les trottoirs de Port-au-Prince. Je suis en retard d'un chagrin d'amour. La route que je devais faire pour connaître ton nom. La ville où tu es né. Tout est fermé pour congé annuel. (p. 55)

Ici, la ville se présente comme un espace ouvert et favorable à la circulation. Le premier vers du poème évoque donc une idée de mouvement. La poétesse bouge donc sans tracas, même s'il est toutefois difficile pour elle d'atteindre son but puisque sa quête ne fait pas partie des perspectives offertes par la ville. C'est, en effet, une ville-promenade qui s'offre au regard du lecteur, en

---

14. Ce sont des villes imaginaires, des villes rêvées ou réelles de poètes comme Davertige, Syto Cavé, René Philoctète, Lyonel Trouillot, Pierre-Richard Narcisse. L'expression « ces villes qui marchent » fait référence au titre du recueil de poèmes de René Philoctète (1932-1995), *Ces îles qui marchent* paru pour la première fois en 1969 à compte d'auteur et réédité en 1992 aux éditions Mémoire.

témoigne la présence des « trottoirs » qui, en matière de trafic, sont réservés à la circulation piétonne. Elle offre un aspect humain dans ce qu'elle suggère dans ses rapports avec les êtres et les choses. Aussi est-il fait allusion à son aspect moderne, car si l'on tient compte de ses fonctions multiples[15] (industrielle, résidentielle, sociale), l'on sent la présence de la fonction sociale exprimée dans le mouvement continu de la poétesse (en longeant les trottoirs donc en arpentant la ville) qui peut bien traduire sa façon de s'approprier et d'habiter la ville.

Si pour Prophète la ville est un cadre opportun à la marche (peu importe le motif), aux yeux d'Orcel, elle se veut plutôt un lieu mythique qui fait rêver et marcher la tête dans les nuages. Dans *À l'aube des traversées et autres poèmes*, l'enfant de Martissant arpente les chemins de son enfance, escalade les « murs publics » des « cités de folie » et

remonte m[s]es glands
en ville-fée (p. 93)

Il revient sur ses misères, ses entraves et ses péripéties tout en inversant les rôles soit pour garder le souvenir du plaisir éprouvé à telle époque du passé soit pour partager la douleur ressentie devant telle catastrophe. Dans les deux cas, c'est le mal-être du poète qui se laisse sentir.

elle fut Jeanne
et moi la ville endormie (p. 98)

Elle fut Jeanne
et moi la ville étourdie (p. 101)

Dans l'imaginaire du poète, la cité est perçue comme un lieu de rêve, un cadre qui invite à l'évasion. Il existe des villes qui sont adorées pour le degré de bien-être qu'elles procurent au voyageur. Ces villes-là favorisent l'isolement et offrent un environnement propice à la réalisation de soi. À côté de cet

---

15. Les fonctions urbaines sont donc de trois ordres. D'abord, la fonction industrielle fait de la ville un lieu de production si l'on se tient au rapport entre les biens produits par les industries et les consommateurs. Ensuite, elle a une fonction résidentielle car la ville se définit par rapport à son effectif et la densité de la population. Enfin, toute cité est caractérisée par l'offre de services du genre politique, financier, enseignement, sanitaire, culturel.

aspect rêveur évoqué par les poètes, il y également cette relation avec l'espace qui se traduit par un amour particulier des trottoirs, ce dispositif qui rend possible les petites promenades car ils permettent de traverser la ville à pied.

On rêve tous de trottoirs
Les cris de notre nudité
Sons sans issue
Comme vos silences (p. 17)

Le trottoir est défini dans le Robert comme la « partie latérale de la voie urbaine » réservée aux piétons. C'est un élément ou un indice de l'urbanité. Le trottoir donne vie également à la ville, surtout la nuit au moment où « les putains ouvrent leurs draps » comme dit Jean Ferrat[16]. Ce qui permet à la ville de rester debout, de ne pas dormir ou mourir. Autant que notre poète se sent attachée à la ville :

C'est l'histoire de toute une ville
qui nous coule dans les veines
On a besoin d'un prétexte pour être deux. (p. 35)

autant qu'elle affiche son amour inconditionnel des trottoirs...

les cheveux dans les oreilles
on a une telle envie de trottoirs (p. 31)

À telle enseigne qu'elle se décrit comme un « corps imprimé sur la ville » (*Sur parure d'ombre*, p. 11).

De son côté, Orcel développe un rapport très affectif avec le trottoir. C'est, à ses yeux, un élément fondamental dans l'existence de la ville, car c'est le pavillon des putes. C'est, au fait, son lieu convoité et favori. D'ailleurs, il clame souvent « qu'une ville sans pute est une ville morte ». L'on comprend donc pourquoi il affirme que :

---

16. Extrait des paroles de la chanson « Berçeuse » de Jean Ferrat trouvée sur l'album titré *L'intégrale* paru en 1995.

Si les putes
  n'ont pas de tombe
Je jetterai des fleurs
  aux trottoirs (p. 110)

Ainsi, les putes, ces êtres qui font le commerce de la chair, remplissent sa vie et apportent une plus-value au paysage urbain. Les fleurs aux trottoirs traduisent l'acte de sympathie, d'amour, de séduction du poète à leur égard. Une forme de vénération pour le bonheur qu'elles procurent, le sens qu'elles donnent à la vie. Puisque sans elle,

les trottoirs rampent
vers leur solitude (p. 17)

Et c'est tout un autre art de vivre qu'il faudrait inventer. C'est bien pour cela notre poète, « semblable au prince des nuées[17] » accoste les nuages/aux trottoirs (p. 113) pour que ne meurt pas le monde urbain même quand la nuit les putes ne peupleraient plus ces lieux aux odeurs aphrodisiaques.

Si, dans certains poèmes, l'espace urbain est présenté dans toute sa splendeur, comme un cadre propice au loisir, où l'individu peut donner libre cours à ses rêveries, dans d'autres, il est donné à voir dans ce qu'il y a de plus barbare, désagréable et dérisoire. Ainsi, en dénonçant son manque d'espace ou son trop plein d'objets et d'individus, les poètes n'hésitent pas à exprimer leur haine de ce paysage sauvage qu'est devenue la ville avec les constructions anarchiques. Aussi une image négative est-elle donc offerte d'elle à travers ses différents éléments déplaisants. Regorgeant de monde, la ville explose et devient un enfer, un gouffre, source d'angoisse et de tous les maux du monde. Devant le morcellement de la cité, Emmelie prophète étouffe, explose et crie sa rage :

Un jour rappelle-toi
cette ville dépecée
entre le bruit la bêtise et la douleur
(*Des marges à remplir,* p. 7)

17. Dans *Les fleurs du mal*, Charles Baudelaire compare le poète à un albatros (voir le poème l'Albatros), oiseau géant fréquentant les mers comme pour évoquer son incompréhension et son exclusion de la société.

Et la voilà qui ferme son cœur à double tour. Ces vers disent tout le gâchis qui résultent des constructions désordonnées.

[…] *Que pouvais-je faire de toi ?*
Comme cette ville je n'ai pas d'espace. Les maisons sont
comme des dés jetés au hasard par des enfants. (p. 18)

C'est une ville coincée faute d'espace, une ville étouffée par manque d'air. Les constructions n'offrent rien de beau à la contemplation. Sans plan, les maisons sont loties au gré du hasard, du bon désir des uns et des autres. D'où la cause de sa dégradation et sa déchéance soudaine. Et parce qu'elle devient un obstacle au développement de soi et au progrès, l'on voit la haine prendre le dessus sur l'amour. La ville devient antipathique et s'érige en une prison qui étouffe les rêves.

L'espace engloutit nos rêves
Nous n'aimons pas notre prison de terre. (p. 41)

De plus, il ne s'agit pas pour elle, d'une grande ville en référence à ces mégapoles qu'on a l'habitude de voir en Amérique du Nord, en Europe ou d'autres continents et qui pointent le ciel.

[…] *Cette ville construite à hauteur d'homme*
(*Sur parure d'ombre*, p. 43)

La même plainte est présente dans la poésie de Makenzy Orcel qui déplore « la promiscuité/de l'espace » (p. 96) qui ne facilite pas la circulation, la découverte et l'épanouissement. L'on ne vit pas dans une « ville coincée » (p. 27), on survit. L'on n'existe pas quand on habite une « rue triste », une « ville bourrée de stridences » (p. 51), l'on se bat pour ne pas flancher.

Entre éloge du monde urbain et critique de la barbarie citadine, Emmelie Prophète et Makenzy Orcel offrent un spectacle à la fois monstrueux et extraordinaire de la ville. Chacun la décrit en fonction d'un autre, d'un être imaginaire. Si pour Prophète, l'autre est l'être aimé ou rêvé, pour Orcel ce sont les filles de joie, ces soleils de la nuit, qui éclairent la ville. Et les deux proposent une vision ou une représentation plutôt dichotomique de la vie urbaine. Parfois, leur regard sur la ville converge vers une sorte de magnificence et de vénération de lieux, d'espaces « pour voir passer la musique » qui « restitue l'enfance ». À l'amour de la cité urbaine suit la haine du paysage barbare, la bidonvilisation qui empoisonne la vie du citadin. Ville-enfer, ville féérique, ville-douleur, ville-putain, ville-dérive sont entre autres attributs décrivant les tristes et tendres réalités que suggère l'espace urbain. En effet, entre les deux poètes, le dialogue sur la poétisation de l'urbain est possible au même titre que le dialogue générationnel.

La poésie d'Emmelie Prophète s'inscrit plus dans un cadre narratif. Cette considération vaut plus pour son premier recueil (*Des marges à remplir* Suivi de *mes amours du mois de mai*) que pour le second (*Sur parure d'ombre*). Encore plus pour la seconde partie du premier livre. Son phrasé est plus simple, plus léger et est construit avec un vocabulaire quotidien mais agencé d'une façon telle qu'un effet musical se décline dans chacun de ses vers. C'est là que réside toute la beauté de son écriture, la juxtaposition des signes et du silence qui suivent la lecture de chaque vers. Alors que l'écriture de Makenzy Orcel est plus lourde, plus dense voire plus recherchée, mais ne nuit en rien la construction et le rythme des vers. La lecture de sa poésie suppose la conjugaison de plus d'efforts et de concentration. Mais pour les deux, le monde urbain est un lieu de découverte de soi, de rencontre en même temps qu'il est un chant d'amertume et d'angoisse, de ruines surtout quand l'autre n'est plus.

Dieulermesson PETIT FRERE, M.A.

Bibliographie

BARTHES, Roland, *Le degré zéro de l'écriture* suivi de *Nouveaux essais critiques*, Paris, Seuil, 1972.

BREMOND, Janine (dir.), BANDIER, Nobert, DEHOUX-FANGET, Danielle, GRAFMEYER, Yves, *La ville*, Paris, Hatier, 1979.

David M. Hayne, « Les générations littéraires au Canada français : une tentative de périodisation », *Mélanges de civilisation canadienne-française offerts au professeur Paul Wyczynski*, Ottawa, éd. de l'Université d'Ottawa, vol. 10, 1977.

DENIS, Benoit, « Génération littéraire », *Le dictionnaire du littéraire*, Paris, Quadrige/PUF, 2002, pp. 316-317.

JAKOBSON, Roman, « Qu'est-ce que la poésie », *Huit questions de poétique*, Paris, Seuil, 1977, pp. 31-49.

JUAROZ, Roberto, *Poésie et création*, (Trad. Fernand Verhesen), Paris, Jose Corti, 2010.

KRISTEVA, Julia, « Poésie et négativité », *Sémiotikè. Recherches pour une sémanalyse*, Paris, Seuil, 1969, pp. 185-216.

LEUWERS, Denis, *Introduction à la poésie moderne et contemporaine*, Paris, Dunod, 1998.

ORCEL, Makenzy, *À l'aube des traversées et autres poèmes*, Montréal, Mémoire d'encrier, 2010.

PROPHETE, Emmelie, *des marges à remplir suivi de mes amours du mois de mai*, Port-au-Prince, Mémoire, 2000.

---, *Sur parure d'ombre*, Port-au-Prince, Mémoire, 2004.

RICHARD, Jean-Pierre, *Onze études sur la poésie moderne*, Paris, Seuil, 1964.

TODOROV, Tzvetan, *Cinq paradoxes de la modernité*, Paris, Seuil, 1990.

TROUILLOT, Lyonel, *Haïti 90. L'esthétique du délabrement*, http://archipel-media.com/haiti-90-lesthetique-du-delabrement/, Consulté le 29 mars 2016.

VIOREL-DRAGOS, Moravu, « Comment mesurer une génération littéraire : la durée », *Les générations dans l'histoire littéraire*, troisième partie, chap. 11, thèse de doctorat présenté à l'Université Laval en 2009. http://theses.ulaval.ca/archimede/fichiers/26155/26155.html, Consulté le 29 mars 2016

WELKENHUYZEN, Van, « Les générations littéraires », *Revue belge de philologie et d'histoire*, tome 28, fascicule 3-4, 1950, pp. 1160-1162, http://www.persee.fr/doc/rbph_0035-0818_1950_num_28_3_2071_t1_1160_0000_1, Consulté le 31 mars 2016.2.

Pour citer cet article :

Dieulermesson PETIT FRERE, « Emmelie Prophète et Makenzy Orcel : d'un discours (inter)générationnel à une poésie de l'urbain », *Revue Legs et Littérature*, no. 7, 2015, pp. 13-36.

Lubumbashi : Christian Kunda, une voix troublée

Né à Lubumbashi le 22 juin 1982, Didier MUKALENG MAKAL est licencié en Sciences de l'Information et de la Communication, en Journalisme, à l'Université de Lubumbashi en République démocratique du Congo. Durant 3 ans, il a enseigné le français à l'Institut KOVIJAN de Kalamba à Kapanga, un territoire du district du Lualaba, limitrophe avec le Kasaï-Oriental à l'Ouest et l'Angola, au Sud du Katanga. Journaliste et blogueur à RFI Mondoblog, il est l'auteur de Le numérique, vecteur des mutations culturelles. Regard sur les usages à Lubumbashi *paru en 2014.*

Résumé

Ouvrez la porte, n'ayez pas peur ! Un ordre, le cri d'une âme naguère esseulée et en peine, désormais debout et déterminée à franchir les barrières devant elle dressées. L'univers poétique de Christian Kunda est troublé : des douleurs et des larmes causées par le rejet par ses proches, la solitude et la mort inopinée des êtres chers, mais aussi l'injustice qui caractérise la société congolaise, la sienne. Transcendant la solitude et la mort qui le hantent, Christian Kunda puise au fond de son être religieux la substance de sa régénérescence : le courage. Voilà qui lui permet de marcher de la périphérie vers le centre, puis, d'ouvrir, chez l'ennemi, la porte fermée et d'habiter avec celui qui l'accueille. À la place d'une revanche, il propose la réconciliation avec ses "ennemis". Alors il « chante le beau, le vrai, la vérité » ! « Ouvrez la porte », sonne alors comme une invitation à l'audace et « n'ayez pas peur » une assurance pour les timides et ceux qui hésitent à accueillir la jeunesse qui avance...

Mots clés

République démocratique du Congo, Poésie, Religion.

LUMBUMBASHI : CHRISTIAN KUNDA, UNE VOIX TROUBLÉE

Ouvrez la porte, n'ayez pas peur est un recueil de poèmes, 8 en tout sur 31 pages, format poche, préfacé par Julien Kilanga Musinde, ancien directeur de l'Organisation internationale de la francophonie (Oif). Il est publié dans la collection œuvre de l'esprit aux Presses universitaires de Lubumbashi, en 2015. D'un abord facile, sa lecture débouche sur trois évocations : la souffrance et la mort, les frontières et l'injustice sociale, et le courage qui mène à la réconciliation. À l'origine de cette poésie, la solitude que vit l'auteur loin des siens, en France. De retour chez lui, en RDC, ses proches le froisseront, hélas ! Le poète se rappelle alors et écrit, tantôt au présent, tantôt au passé.

L'évocation de la souffrance et de la mort

« In memoriam » ! À dessein, Christian Kunda ouvre sa poésie par un hommage à Hilaire Maloba, un prêtre décédé inopinément. Il ne fut pas membre de sa famille, seulement un aîné, un ami. D'où le « Ya Malos », une formule d'appellation juvénile, affective et familière, forme abrégée du lingala yaya qui signifie grand, aîné. Et Malos, une espèce d'apocope de Maloba. « Je n'ai pas digéré que tu sois parti cette année-là, 1998 (…) la mort m'avait joué un sale tour. » Hommage à ce prêtre qui avait marqué le jeune paroissien. « La détermination de ma vie part de la paroisse Saint Charles Lwanga.[1] Il m'a tenu par la main et m'a amené au petit séminaire. Il voulait que je devienne prêtre. »

Dans « le malade », quatrième poème, dans l'ordre du recueil, l'auteur se rappelle ses jours sombres. C'est sans doute le point de départ de sa méditation sur la souffrance et la méchanceté des hommes. De retour de France où il a soutenu sa thèse de doctorat, il n'a pas de paix. Il se frotte à la froideur des siens, à l'université de Lubumbashi dont il est le produit. En plus, il ne résiste pas aux attaques fétichistes qui se multiplient contre lui.

« Je suis un intellectuel. Mais je te dis que cette africanité existe. » Malgré sa maladie, il veille sur sa dignité. « Le malade » le dit clairement : « Regardez ! Regardez où vous posez vos pieds. Ne piétinez pas ma silhouette moribonde ! » Ironique, il prie pour « les futurs morts » qui se réjouissent de sa souffrance. Christian Kunda a même la (mal-)chance (?) d'entendre quelqu'un demander le jour de son enterrement. Le doctorat qu'il ramène de France ne lui ouvre pas illico les portes du professorat chez lui.

Moribond ! Pensant à ma mort.
Et j'ai vu la mort s'approcher de moi,
Et la veille, ma mort était annoncée,
Pendant que je me tenais encore debout sur mes jambes mortelles (...)
Mais dans cet accident vital[2].

Mais cette souffrance démarre un peu plus tôt, lorsque le poète achève sa licence en Langues et civilisations françaises. Une fin d'études brillante qui lui vaut une bourse du gouvernement de France, laquelle est attribuée à un autre, à son insu. Mais il va quand même en France, puisque l'Ambassade le rappellera. Suffisant pour énerver de plus. A l'université Paul Verlaine, la solitude le secoue. « J'ouvrais ma bouche seulement lorsque je chantais ou lorsque je demandais la clé d'une salle à l'université. Même les amis ne m'appelaient pas. »

---

1. Une paroisse catholique située dans la commune de Katuba, au sud de Lubumbashi.
2. Christian Kunda recourt au contraste et à l'ironie pour exprimer sa révolte, sa colère. Mais il ne l'exprime pas crûment, pas brutalement. Plus tôt, dans « Ouvrez la porte... », il dit qu'il chante le beau, le joli. Bref, il évite de créer la laideur dans son discours. Et ça, il le répète à ses étudiants.

De l'extérieur de sa République démocratique du Congo natale, il observe les maladies de son pays. « Mon pays est malade », titre-t-il un autre poème. Tribalisme, corruption, … un pays qui ne compte plus de célébrités, d'intellectuels, mais qui n'avance pas du tout. « Il nous faut (aussi) des esprits, de grands esprits qui pensent et repensent l'homme, des esprits qui pensent courageusement. » Sinon, poursuit le poète,

Nous créerons le ministère des morts,
Le ministère de construction des morgues et des tombes,
Le ministère du tribalisme populaire, (...)
Le ministère délégué à la non-scolarisation,
Le ministère à la mal-éducation nationale...
L'évocation des frontières

Christian Kunda évoque aussi les frontières, les barrières qui jalonnent son parcours, et par extension, celui de la jeunesse. Des frontières plutôt mentales, des barrières psychologiques inscrites dans le cœur des hommes, de ses proches. Le rejet des aînés, la volonté de freiner, de bloquer. La jalousie de partager son espace de vie, mais aussi la peur ou le doute d'oser. Détourner une bourse d'un jeune étudiant récompensé pour ses études brillantes, cela dénote d'une volonté de freiner. Sûr de son retour, il lance : « n'ayez pas peur ! » Dans cette évocation des barrières, le poète se situe entre deux espaces physiques, deux territoires :
   l'Europe où le climat et la solitude pouvaient le désarmer, le décourager dans ses recherches doctorales.
   Sa société (congolaise), précisément l'Université de Lubumbashi où l'accueil chagrine le jeune docteur. C'est là qu'il éprouve une grande solitude, « un froid froid », plus que celui subi en Europe. À imaginer que cela se passe sous les tropiques où le thermomètre indique parfois 36°C, c'est douloureux. Un froid destructeur.

Me voici dans ma société
Sous un froid froid,
Un froid qui vous pince le cœur,
Un froid qui sait vous paralyser les poumons
Qui sait vous broyer les reins, (...)

Le froid plus que l'hivernal (...)
Un froid inoubliable.

Kunda échappe constamment à la vengeance, à la rancune. Chaque fois que la progression de son récit l'en rapproche, lorsque l'évocation des souvenirs douloureux l'y mènent logiquement, il bute sur la foi, le pardon, et la réconciliation. « Et je chante ! »[3] vire-t-il, à peine fixé son état squelettique, ses peines dans « Ouvrez la porte… ! » Une vie de squelette, à peu près de revenant… On pouvait s'attendre à une explosion de colère, mais c'est la foi qui arrive. « On vivra, Dieu nous accordera toute grâce et tout bien. Omnia vinci amor. » Dieu est, en effet, assez présent dans le discours de l'auteur.[4]

Dieu parlera pour nous
Lui et lui Seul.
Et des morts, il n'y aura plus un seul,
Et de haine,
Il n'y aura plus aucune
Et de méchanceté,
Il n'y aura plus aucune
Car le bien, le bon et le beau
Triompheront sur la mort.

C'est peut-être en Dieu qu'il puise cette force qui soudain le met sur la route de ses adversaires, bientôt terrés chez eux. Couverts de honte ou apeurés par ce retour (macabre ?) du séjour des morts d'un proche qu'on a envoyé crever ?

Voici que je me tiens à la porte,
Je frappe,
Il m'ouvre la porte celui qui m'entend,
J'entrerai et demeurerai chez lui.

Un réveil marqué d'humilité, de fois et de respect des autres et de la parole de Dieu. L'auteur marque clairement sa foi et son respect pour la parole de Dieu, lorsqu'il la cite. Il dit : « j'entrerai et demeurerai chez lui » où le Christ dit « je

---

3. Ouvrez la porte, n'ayez pas peur.
4. P. 14-15.

demeurerai avec lui ». Il évoque le respect du maître de la maison. Courageux, il brave la peur, prend le risque : il est devant la porte où sa présence n'est pas désirée.

Ouvrez la porte
Celui qui m'ouvre la porte
Je demeurerai chez lui
Je hanterai son esprit et je serai en lui.

Évocation du courage et de la réconciliation

Le courage est donc la force de ce message : « Ouvrez la porte, n'ayez pas peur ». Esseulé, tourmenté, déçu même, Christian Kunda s'arme, avance. Il va vers ses adversaires. C'est de l'audace ! Son objectif est ainsi exprimé comme une quête de paix ; le réveil, en Dieu, le portant vers l'*alter*, à la réconciliation, à l'amitié. Il ordonne et prie à la fois : « Ouvrez la porte ». De l'intérieur, on peut avoir peur, peur de ce jeune déterminé. Rien ne sert de la maintenir fermée. De toute façon, il est de retour, vivant, et ne peut plus attendre. L'attente dans l'antichambre du personnel enseignant, des clercs de sa société, a expiré. Il assure : « n'ayez pas peur ! » C'est l'heure de la réconciliation. Dans un entretien, il dit à ce propos :
Du courage, oui. Il faut savoir s'arrêter et dire qu'on est mort. La vérité c'est que les gens ne prennent pas le courage de s'arrêter et dire ça ne va pas. On préfère enjoliver la laideur. Quand ce n'est pas beau et vous le reconnaissez, c'est un courage inoubliable qui nous permet d'avancer. Et lorsque vous avez pris ce courage, vous vous réconciliez. Et quand il y a réconciliation avec vous-même, c'est fini. Tout baigne. Tout roule comme sur les roulettes !
Du courage pour guérir, de la réconciliation pour avancer, Christian Kunda, pour guérir la société congolaise, propose une introspection courageuse. Il ne se contente pas de remarquer la maladie de son pays, il propose un regard courageux sur sa laideur. Puis, aux hésitants il lance : « *Frappez, on vous ouvrira !* » Le poète révolutionne les habitudes, bouscule des lignes. Né dans un quartier périphérique, dans la commune de Katuba à Lubumbashi, il habite aujourd'hui le centre de la ville. Un jeune homme autrefois "ordinaire", monte !

« Il n'y a pas longtemps que j'ai été étudiant[5]. En 2005, j'étais déjà assistant. En 2009, je suis passé chef de travaux et en 2010, je suis passé professeur associé. Et, en 2015, je viens d'être élevé au rang de professeur. Maintenant (janvier 2016), on vient de m'élever comme autorité académique. Déjà, je vais me rendre dans une institution où je n'ai pas étudié, où je n'ai pas d'amis, où je n'ai jamais presté comme enseignant. Je demande à ceux qui sont là-bas de m'ouvrir la porte, de ne pas avoir peur ».

Alors, comme un prophète, sous un ton christique et chrétien, le Christian scande : « Frappez ! On vous ouvrira ». Artiste, prédicateur de la beauté comme il transparaît à travers ce long poème, *Ouvrez la porte, n'ayez pas peur*, il soigne aussi la beauté de son œuvre, l'agrémente des astuces aussi bien que du bon sens et de l'humour.

Frappez ! On vous ouvrira.
Ouvrez sans frapper ! On vous frappera.
Demandez ! On vous donnera.
Prenez sans demander ! On vous frappera.
Prêtez l'oreille, vous entendrez.
Regardez, vous verrez.

Didier MUKALENG MAKAL

RÉFÉRENCES

KUNDA, Christian, *Ouvrez la porte, n'ayez pas peur*, Lubumbashi: Presses universitaires de Lubumbashi, 2015.

YOKA, Lye M. et RANAIVOSON, Dominique, *Chronique du Congo*, Saint-Maur-des-Fossés : Ed. Sepia, 2012.

Pour citer cet article :

Didier MUKALENG MAKAL, « Lubumbashi : Christian Kunda, une voix troublée », *Revue Legs et Littérature*, no. 7, 2015, pp. 37-44.

---

5. Il termine sa licence en Français au cours de l'année académique 2002-2003.

Haïti : les années 1980, d'une littérature à l'autre

Né en Haïti, Poète et écrivain, Jean Watson Charles a fait des études de Lettres Modernes à l'École Normale Supérieure et de Sociologie à la Faculté d'Ethnologie de Port-au-Prince. Rédacteur à la revue Legs et Littérature *et auteur de trois recueils de poèmes,* Pour que la terre s'en souvienne *(2010),* Lenglensou *(2012),* Plus loin qu'ailleurs *(2013), il vit en France.*

Résumé

En questionnant l'aspect sociologique, idéologique et évolutif de la production littéraire d'Haïti, cet article tente de répondre à des interrogations portant sur l'émergence d'une nouvelle littérature haïtienne ? Comment définir son évolution? Au-delà des clivages idéologiques, le propos essaie d'esquisser les problématiques liées à la publication des jeunes écrivains, les espaces de légitimation dans le paysage littéraire et la carence d'institutions vouées à cet effet. Notre propos prend en compte le cheminement évolutif de la littérature haïtienne des années 2000 à nos jours –soit les dix dernières années – et ouvre, à cet effet, le débat sur le mépris des écrivains qui publient leurs œuvres en Haïti par rapport à ceux qui sont édités à l'étranger. Il tente également de lever le voile sur l'attitude des « tyrans démoniaques » et des « démolisseurs patentés. »

Mots clés

Haïti, génération littéraire, Émergence.

HAÏTI : LES ANNÉES 1980, D'UNE LITTÉRATURE À L'AUTRE

Malgré les nombreuses études, recherches et les anthologies réalisées sur les écrivains et poètes haïtiens, la littérature haïtienne semble s'arrêter à des écrivains connus des années 1960, comme si elle n'a jamais évolué, et que la théorie des générations littéraires semble inexistante. Il a fallu attendre 2015 pour qu'il y ait une anthologie regroupant les jeunes auteurs[1]. Alors que depuis plus d'une dizaine d'années, la production littéraire d'Haïti rayonne sur le plan international, la difficulté pour les jeunes écrivains et poètes reste encore un parcours du combattant. Il est vrai qu'en Haïti, le manque d'espace de légitimation des écrivains et les institutions littéraires se font de plus en plus rares. Et parler de l'émergence de nouveaux écrivains et poètes haïtiens revient à repenser ou à analyser les facteurs institutionnels, la réévaluation périodique et historique, et aussi à mettre en relation la production littéraire et la diffusion de ces auteurs-là. Il faut toutefois saluer les travaux de Léon-François Hoffmann qui a pu esquisser une périodisation de la littérature haïtienne en se basant sur les « procédés de fabrication » qui mettent en évidence les « postulats de psychologie collective génétique ». Même si cette démarche reposant sur les thèses de Gobineau et de Taine semble loin d'apporter une réponse précise à l'évolution de cette littérature-là. Face aux

---

1. James Noël, *Anthologie de la poésie haïtienne contemporaine*, Paris, Seuil, 2015. Cette anthologie regroupe 73 poètes toutes générations confondues.

carences d'institutions littéraires, le manque de diffusion et de la quasi-absence de la critique, les jeunes écrivains et poètes tentent de se faire connaître parfois en s'adonnant à l'auto-publication ou en s'appuyant sur la bénédiction de leurs aînés. Comment cette génération de jeunes écrivains et poètes ont-ils tenté la rupture avec ceux des années 1960 ? Comment appréhender et expliquer l'évolution thématique dans le corpus littéraire des poètes nés dans les années 1980 ? Quel changement s'est-il opéré dans le paysage littéraire de l'après 2010 ?

Dans son livre *Littératures Francophones*, Hoffmann analyse historiquement les différentes périodes de la littérature haïtienne, ce qui nous permet de comprendre son évolution dès l'origine jusqu'aux années 1960-70 :

À partir de 1957, l'incertitude, les menaces, la terreur duvaliériste poussèrent la majorité des intellectuels à quitter le pays. Rare sont les écrivains qui ont évité l'exil pendant les années sombres. Que ce soit en Afrique, aux États-Unis, au Québec, en France ou à Cuba, les écrivains se dispersèrent à travers le monde. Ce phénomène engendre une rupture ou un changement dans la thématique, dans les œuvres produites à cette époque bien que le cadre et les personnages restent haïtiens : Une eau-forte, Jean Metel-lus... *En poésie, le groupe Haïti littéraire, donne un souffle à la poésie tout en restant intimiste.* (p. 59)

Face à cet exil forcé occasionné par la dictature duvaliériste, il se développe une littérature migrante créant des « écrivains qui ont aussi en commun le fait de s'adresser à divers publics, séparés par des acquis culturels et langagiers différents, ce qui les oblige à trouver les stratégies aptes à rendre compte de leur communauté d'origine tout en leur permettant d'atteindre un plus vaste lectorat.[2] » De ce fait, les écrivains qui en font partie ont en commun d'être situés « à la croisée des chemins », dans un contexte de relations conflictuelles entre le français et d'autres langues de proximité. L'écrivain se trouve dans une sorte de marronnage linguistique et interférentiel en s'efforçant de jongler avec la langue.

Cependant, si les écrivains des années 1960 ont eu aujourd'hui leur notoriété, il n'en demeure pas moins que les jeunes écrivains sont toujours dans l'anonymat, malgré leurs divers efforts pour se faire publier. Dans un article paru dans la revue *Tolomeo* en Italie, en 2011, le critique littéraire Yves

---

2. Lise Gauvin, *Écrire pour qui ? L'écrivain francophone et ses publics*, Paris, Karthala, 2007, p.6.

Chemla dresse un constat alarmant de la difficulté des jeunes poètes de se faire reconnaître dans l'espace francophone : absence dans les salons du livre, difficulté de se faire publier dans les éditions françaises, etc... De 1990 à 2005, sur l'ensemble des anthologies publiées en langues créole et française, l'on pouvait remarquer l'absence répétée des jeunes écrivains, parfois certains noms sont indexés ou passés carrément sous silence. Dans des anthologies comme *Anthologie de la littérature haïtienne : un siècle de poésie 1901-2001*[3], *Haïti, une traversée littéraire*[4], *Anthologie bilingue de la poésie créole haïtienne de 1986 à nos jours*[5], il n'est que plus étrange de constater que les jeunes écrivains sont restés à l'écart de ces entreprises. D'ailleurs, l'anthologie *Haïti, une traversée littéraire* de Louis-Philippe Dalembert et Lyonel Trouillot justifie leur démarche :

C'est donc humblement que nous invitions à cette traversée, par ce propos qui pourrait parfaitement résumer notre démarche : en littérature comme ailleurs, c'est à Haïti de choisir ses élus, son possible, ses multiples propos, et il convient de (se) rappeler que la littérature haïtienne est bien plus riche qu'on en dit, et que rien ne peut se substituer à la fréquentation des textes. (p. 12)

Voilà une manière très élégante de justifier leur choix de textes en décidant d'exclure volontairement d'autres écrivains. Il faut remarquer que dans cette anthologie qui constitue une sorte de panorama sur l'ensemble de la production littéraire de 1804-2010, ils ne font que mentionner les noms de Chenald Augustin et Fred Edson Lafortune parmi les écrivains de la nouvelle génération.

Toutefois, les nouveaux poètes qui vont marquer l'histoire littéraire d'aujourd'hui sont ceux qui sont nés dans les années 1980 dont l'univers s'inscrit dans le post-duvaliériste et dont les œuvres commencent à être publiés au cours des années 2000. Ainsi, l'on assiste à une évolution thématique dans les œuvres et parfois à une rupture dans les codes du langage

3. Cette anthologie a paru en 2003 aux éditions Mémoire d'encrier sous la direction de Rodney Saint-Éloi avec la collaboration de Lyonel Trouillot, Georges Castera et Claude Pierre. Elle regroupe 102 poètes.
4. Lyonel Trouillot, Louis-Philippe Dalembert, *Haïti, une traversée littéraire*, Paris, Philippe Rey, 2010. En plus des textes, cette anthologie est accompagnée d'un CD audio.
5. Parue chez Actes Sud en septembre 2015 sous la direction de Lyonel Trouillot, l'anthologie compte des poèmes de 39 poètes. Ils ont été, pour la plupart, rassemblés et traduits par des membres de l'Atelier Jeudi Soir.

poétique (James pubien), utilisant parfois l'écriture à deux plumes, jouant sur les codes sociaux et esthétiques. Pour faire connaître ces jeunes poètes et corriger certaines injustices causées à cette nouvelle génération tout en tenant compte des écrivains confirmés, les poètes James Noël et Fred Edson Lafortune lancent en 2008, en France, une grande anthologie *Cahier Haïti*[6], préfacés par Jean Métellus et Rodney Saint-Eloi. Regroupés selon la théorie « Générations » (Thibaudet), les poètes de cette anthologie confirment l'évolution de cette littérature au-delà des clivages esthétiques, idéologiques et sociaux.

Le mode d'emploi pour une telle anthologie nous semble simple : laisser ouvertes les fenêtres, tendre la main et le cœur aux autres, aller lentement à l'intérieur de la chose poétique, lutter contre la censure, sortir du cercle de la punition et de la récompense, être tout simplement en marge des chemins des notables qui voient toujours de travers et qui pensent toujours trop en rond. En ce sens, cette anthologie est atypique. Il n'y a ni ayant droit, ni experts, ni tyrans démoniaques, ni démolisseurs patentés. On y retrouve seulement des gens qui dérident les mots et les couleurs, qui contraignent le soleil à rester debout dans l'horizon troué et qui poursuivent un impossible rêve. (p. 568).

C'était pour « lutter contre la censure » et « contre les démolisseurs patentés » qu'ils ont lancé cette anthologie réunissant les poètes des générations 1920 à 1980 afin de montrer le stade évolutif du paysage littéraire haïtien et de corriger des anthologies parfois à caractère sectaire. Parmi les poètes de la dernière tranche 1970-80, on trouve des jeunes poètes qui sont à leur toute première publication (livre ou poème) : Emmelie Prophète, Bonel Auguste, Pierre-Moise Célestin, James Noël, André Fouad, Jacques Adler Jean Pierre, Jean Emmanuel Jacquet, Jean-François Toussaint, Antoine-Hubert Louis, Mackenzy Orcel, Fred Edson Lafortune, Evains Wêche, Coutechève Lavoie Aupont, Duckens Charitable (Duccha), James Pubien, Jeudi Inema, Mlikadol's Mentor (Nadol's), Jean Watson Charles, Dovilas Anderson. Cette nouvelle de génération de poètes et d'écrivains a apporté un nouveau souffle à la littérature haïtienne en puisant dans le mimétisme social (jeudi Inema), sans maniérisme, sans jeux et procédés stériles. Une césure

---

6. James Noël, Fred Edson Lafortune, *Cahier d'Haïti*, Paris, Chasseur Abstrait, 2009.

générationnelle marque cette nouvelle ère. Quoique le séisme du 12 Janvier 2010 ait complètement ravagé les structures et les institutions culturelles laissant dernier lui un chaos généralisé, un groupe de jeunes réunis au sein d'une association éditoriale baptisée Bas de Page se sont mis à repenser l'espace littéraire, en animant les espaces littéraires et des rencontres, publiant momentanément : James Pubien, Jacques Adler Jean Pierre, Pierre-Moise Célestin, Wébert Charles, Jean Louis Gounod, Jeudi Inéma, Jean Watson Charles, Josaphat Large Robert, André Fouad, Bonel Auguste. Dans les articles publiés dans les quotidiens : *Le Nouvelliste* (Haïti) et *Africultures* (France), les initiateurs de ce mouvement justifient doublement leur geste, rompant avec la tradition et les «tyrans démoniaques » tout en posant les problèmes du livre et de la diffusion en Haïti :

[...] *Certains de ces poètes sont nouveaux dans la littérature, d'autres se confirment de plus en plus par un travail au quotidien pour améliorer la qualité de leurs œuvres et esquiver l'une des choses les plus préjudiciables à la littérature, qu'est la censure. Celle-ci, est pratiquée par certains des devanciers, ont causé beaucoup de préjudice en freinant l'élan créateur de beaucoup d'écrivains*[7].

L'élan de création en Haïti est généralement cassé par les problèmes économiques qui entravent la production au quotidien. Nos écrivains sont souvent obligés de publier à compte d'auteur, en dépit de l'état lamentable de la qualité du livre comme objet, qui, souvent ne correspond pas au standard international. Par cette initiative, les Éditions Bas de Page se proposent de corriger les dérives de cette problématique, sachant que des entreprises haïtiennes dignes de leurs noms épouseront (elles aussi) cette idée afin de nous aider à sortir de l'ombre ces multiples talents[8].

Dans son livre, *Écrits d'Haïti*[9], Nadève Ménard essaie d'attirer l'attention sur

---

7. Jean Vénel Casséus, « Les éditions Bas de Page signent », *Le Nouvelliste*, 12 novembre 2010. http://lenouvelliste.com/lenouvelliste/article/85587/Les-Editions-Bas-de-Page-signent, Consulté le 02 février 2016.
8. « Création des éditions Bas de page après le 12 janvier 2010 », *Collectif 2004 images Haïti*, 28 novembre 2010. http://www.collectif2004images.org/Creation-des-Editions-Bas-de-page-apres-le-12-janvier-2010_a379.html, Consulté le 02 février 2016.
9. Nadève Ménard, *Écrits d'Haïti : perspective sur la littérature haïtienne contemporaine* (1986-2006), Paris, Karthala, 201.

la grande diversité qui caractérise la littérature haïtienne contemporaine, constatant que la production dense et diverse, régulièrement consacrée par des prix littéraires prestigieux, occupe désormais une place majeure dans la littérature Francophone.

Si le 12 janvier 2010 nous a endeuillés, s'il a changé à tout jamais le monde littéraire, il ne l'a pas oblitéré. Et fort heureusement. Il ne fait aucun doute que les conséquences du séisme auront un impact sur le paysage littéraire du pays.

Il n'est plus étrange de constater que sur l'ensemble des textes critiques parus ces dernières années, les jeunes auteurs sont passés sous silence, et sont même parfois dédaignés par la critique en raison du fait qu'ils ne font pas partie d'un clan littéraire.

C'est précisément en quête de rayonnent et d'espaces de légitimation que le poète James Noël lance, en 2015, une nouvelle anthologie de la littérature regroupant 73 poètes et écrivains dans la collection Points (France). Placé sous le signe d'un chef de file, James Noël veut rompre avec la tradition mesquine érigée par les devanciers. L'idée de rassembler les poètes dans cette anthologie permet aux lecteurs d'avoir une vue assez large de la production littéraire du pays:

Soixante-treize poètes sont présentés dans cette anthologie de la poésie haïtienne contemporaine. « Un brassage de tempéraments passionnants qui rassemble quatre générations ouvertes et poreuses aux grands flux de l'histoire, de l'amour, du pays, du jeu, de la colère, du monde, du sexe, de l'exil, de la mer, de la joie... », selon les éditeurs.

Bien que ces poètes soient répertoriés dans cette anthologie, il est toutefois possible de constater qu'ils sont peu à avoir leurs œuvres publiées à l'étranger. Aussi faut-il être parrainé ou avoir l'autorisation d'un aîné, comme certains l'ont eu, pour qu'on soit reconnu ailleurs !

Jean Watson CHARLES

Bibliographie

CASSÉUS, Jean Vénel, *Les éditions Bas de Page signent*, http://lenouvelliste.com/lenouvelliste/article/85587/Les-Editions-Bas-de-Page-signent, Consulté le 02 février 2016.

Création des éditions Bas de page après le 12 janvier 2010, Collectif 2004 images Haïti, http://www.collectif2004images.org/Creation-des-Editions-Bas-de-page-apres-le-12-janvier-2010_a379.html, Consulté le 02 février 2016.

DOUCEY, Bruno, *Terre de femmes. 150 ans de poésie féminine en Haïti*. Paris, Bruno Doucey, 2010.

GAUVIN, Lise, *Écrire pour qui ? L'écrivain francophone et ses publics*, Paris, Karthala, 2007.

HOFFMAN, Léon-François, CORZANI, Jack, PICCIONE, Marie-Lyne, *Littératures Francophones, Les Amériques, Haiti, Antilles-Guyane, Québec*, Paris, Berlin Sup Lettres, 1998.

LAFORTUNE, Fred Edson, NOËL, James, *Cahier Haïti*, Paris, Le chasseur abstrait, 2009.

LE BRIS, Milchel, ROUAUD, Jean, *Pour une Littérature-monde*, Paris, Gallimard, 2007.

MÉNARD, Nadève, *Écrits d'Haïti : perspectives sur la littérature Haïtienne contemporaine (1986-2006)*, Paris, Karthala, 2011.

NOËL, James, *Anthologie de la poésie haïtienne contemporaine*, Paris, Seuil, 2015.

SAINT-ÉLOI, Rodney (dir.), CASTERA, Georges, PIERRE, Claude, TROUILLOT, Lyonel, *Anthologie de la littérature haïtienne : un siècle de poésie, 1901-2001*, Montréal, Mémoire d'encrier, 2003.

TROUILLOT, Lyonel, DALEMBERT, Louis-Philippe, *Haïti, une traversée littéraire*, Paris, Culturesfrance/Philippe Rey, 2010.

TROUILLOT, Lyonel et CHALMERS, Mehdi, *Anthologie bilingue de la poésie créole haïtienne de 1986 à nos jours*, Paris, Actes Sud, 2015.

Pour citer cet article :

Jean Watson CHARLES, « Haïti : les années 1980, d'une littérature à l'autre », *Revue Legs et Littérature*, no. 7, 2015, pp. 45-54.

Guy Régis Junior : théâtre, engagement et absurdité

Jean James ESTÉPHA enseigne la littérature après ses études en Lettres Modernes à l'École Normale Supérieure (ENS). Détenteur d'un DEUG (Diplôme d'Études Universitaires Généralisées) à l'Université de Rouen en partenariat avec l'ENS ; d'un Master I en Sciences du langage de l'Université des Antilles et de la Guyane (UAG) et ENS, il travaille actuellement sur la question du handicap, de l'intégration et de l'inclusion scolaire dans le cadre d'un Master en Sciences de l'Éducation mis sur pied par l'ENS de concert avec l'Université du Québec à Chicoutimi (UQAC).

Résumé

Le théâtre haïtien à travers son histoire a déjà le meilleur maintenant on se demande s'il n'est pas en train de connaître le pire puisque certaines figures qui évoluent dans le genre sont en train de le tuer sans s'en rendre compte. Cependant, un ensemble de professionnels du théâtre continuent à œuvrer pour sa survie. De ceux-là, nous citons Guy Régis Jr qui, à travers ses pièces, montre la voie. La bonne voie. Sa pièce De toute la terre le grand effarement qui peut être aussi classée parmi les œuvres du séisme montre que le théâtre en Haïti, malgré les défis, porte en lui la lumière qui ne peut et qui ne doit pas s'éteindre malgré tout.

Mots clés

Théâtre, séisme, aide humanitaire, absurde.

GUY RÉGIS JUNIOR : THÉÂTRE, ENGAGEMENT ET ABSURDITÉ

Quiconque a entendu Guy Régis Jr dans ses prises de parole autour du théâtre ou qui a déjà eu le privilège de voir la représentation de l'une de ses pièces sait que ce dramaturge, romancier, traducteur, metteur en scène, réalisateur... est un homme de refus. Un refus exprimé par son combat contre la mort hypothétique du théâtre haïtien. Un tel refus est nécessaire puisque les assassins du genre font la loi par leur quasi omniprésence dans les médias et s'imposent en se faisant passer pour comédiens et dramaturges. Ils sont les premiers acteurs de publicité ; des spectacles en veux-tu en voilà ; des festivals et carnavals. Ils sont ces vendeurs du rire pour un quiproquo, un lapsus, une répétition maladroite ou un personnage-type. De telles pratiques contribuent à la dévitalisation de la longue tradition du théâtre haïtien et encourage le dénivellement par le bas et la facilité.

Un héritage théâtral

En Haïti, le théâtre est toute une richesse dont les origines remontent, d'une part, à la période précolombienne et, d'autre part, à la période coloniale. En effet, lors des célébrations dédiées au dieu Zemès, les indiens s'adonnaient au théâtre, la reine Anacaona est l'une des actrices les plus célèbres de cette période. Les esclaves noirs durant l'occupation française d'Haïti pratiquaient également le théâtre. D'ailleurs, dès 1762, une salle de théâtre fut inaugurée à

Saint Domingue, quelques années plus tard soit en 1786, une salle de 400 places fut construite à Léogâne. Cependant, les thèmes, jusque-là, traités sont ceux qui sont chers aux colons. Le théâtre commencera à transpirer des thématiques liées à la condition de l'esclave à partir de 1791 où des pièces à caractère révolutionnaire commencent à voir le jour.

Après l'indépendance, le théâtre continue à exister mais sa thématique n'est pas différente de celle des autres genres littéraires de l'époque : partisan, décolonisation, indépendance, problèmes sociaux, problèmes politiques. Au-delà de la qualité des textes publiés, plusieurs dramaturges se sont illustrés durant cette période : Antoine Dupré, Juste Chanlatte, Jules Solime Milscent, Liautaud Ethéart, Alibée Féry et autres. Cependant, avec la nouvelle occupation d'Haïti, cette fois par les Américains, la thématique des nouvelles pièces de théâtre s'oriente plutôt vers le combat, la désoccupation, la résistance. Quelques années plus tard, soit en 1945, le théâtre haïtien connaît un nouvel élan avec la prise en compte des éléments qui le rendent plus populaire : le vaudou et le créole. Roger Dorsainville, Félix Morisseau-Leroy et Franck Fouché sont les dignes représentants de cette tendance.

Grandeur et décadence

Pendant longtemps, le théâtre haïtien a connu un grand rayonnement. En effet, entre 1791 et 1971, nous dit Paula Clermont Péan, 260 pièces ont été portées sur scène en Haïti. Entre temps, des institutions telles la Société Nationale d'Art Dramatique (SNAD), l'Institut National pour la Formation de l'Art dramatique (INFA), les messagers de l'Art, le Petit théâtre de l'Institut haitiano-américain, le Théâtre National Haïtien (TNH), le Rex théâtre, les troupes théâtraux tels que Kouidor (surtout dans la diaspora), Languichatte ; les écrivains Michel-Philippe Lerebours, Franckétienne, Syto Cavé, Hervé Denis ont donné un souffle nouveau au théâtre haïtien. Or, force est de constater que depuis quelques décennies, le théâtre haïtien connaît un certain déclin dû à un manque de salle et de formation pointue, une carence de pièces proprement dites, et de comédiens qui ne portent que le nom. En fonction de ce triste constat, on est en droit de se poser la question de savoir si le théâtre sert à imiter la vie, devrait-on conclure que la vie se meurt ou n'est plus en Haïti ? Quoi qu'il en soit, il existe aujourd'hui des hommes et des femmes qui militent en faveur de la redynamisation du théâtre, le festival *Quatre chemins* en est un exemple vivant. À ce festival, un nom y est attaché, viscéralement, celui de Guy Régis Junior.

Du théâtre et plus encore…

Il ne s'agit pas seulement, pour ce jeune écrivain de perpétuer ce festival en donnant un espace privilégié aux acteurs œuvrant dans le domaine du théâtre. D'ailleurs, pour cette seule action, l'histoire aura une grande dette envers lui. Mais, il s'agit surtout de pourvoir le domaine d'un matériau indispensable et qui lui fait défaut ces dernières années en raison de sa faible production ou publication : le texte théâtral.

De ses récents textes de théâtre, il y en a un qui porte la résonance du beau, de l'absurde, de la bêtise humaine et l'esthétique dont la comparaison ne tient qu'a lui-même. *De toute la terre le grand effarement,* puisqu'il faut le nommer, est une pièce de théâtre qui contraste avec tout ce qui se fait au quotidien et qu'on appelle malheureusement théâtre en Haïti. Ce texte comme de nombreux textes de théâtre appartenant à la modernité offre un cadre spatial non conventionnel et ne s'appuie pas sur une intrigue traditionnelle. Ce court texte de 64 pages, publié en 2011 aux éditions Les solitaires intempestifs met en scène deux prostituées anonymes (La Jeune, La Plus Agée). Quelques heures après le tremblement de terre du 12 Janvier 2010 en Haïti, les deux femmes s'adonnent à deux sortes de plaisir : compter les étoiles et s'attoucher. Le premier plaisir sera inachevé puisque impossible comme le fait de compter le nombre de disparus du cataclysme dont elles sont des survivantes –surtout les seules du bordel Bel Amou. Le second, commence timidement jusqu'à une nette évolution à la fin de la pièce où les deux femmes se sodomisent à tour de rôle. Un exercice avant lequel elles ont pris le soin de se vêtir des uniformes d'un marine américain et d'un soldat français.

Au-delà de l'écriture de cette pièce qui peut être un outil considérable dans l'enseignement du théâtre moderne qui, depuis longtemps, s'est relaxé de la fameuse division en acte et en scène, des personnages sophistiqués et une écriture conventionnelle, le lecteur peu habitué à cette écriture théâtrale découvrira un texte qui doit être dit comme une voix entrecoupée par l'émotion de dire parfois sans certitude puisque la parole dans la vie vraie n'est pas toujours un chant mélodieux :

LA PLUS ÂGÉE.- Non. Oui, hein ? Oui ? Oui. Tu as raison. Mais je ne sais pas, je ne sais pas quand ça vient. Et je ne peux pas l'empêcher de venir. Je pleure, c'est tout. Quand ça vient, je pleure, je pleure, c'est tout. Oui, hein. (P.34)

Un autre élément majeur frappe le lecteur de cette pièce : la réflexion faite par ces deux femmes à propos de l'existence –leur existence- mais aussi sur les relations existant entre l'aide et l'aidant et surtout sur les intentions profondes de ces derniers en situation d'urgence :

LA JEUNE, vindicative.- Et ceux qui arrivent, viennent par milliers. Tous ces milliers de coalition, de pays. Ils sont organisés, sont partout. Tous ceux-là, ces étrangers. Nation contre nation pour nous envahir, s'installer, prendre place, rester. Malgré notre affaissement. Ils n'en ont que faire de notre détresse. Ils ne sont plus tristes tout à coup quand ils doivent défendre leur place sur notre territoire. Ils n'ont même pas le temps de se demander si nous les voyons, si de nos yeux nous les voyons nous aussi. Tu ne les vois pas ? Tu ne les as pas vus ? Comme ils se battent ! Devant nos yeux, nos propres yeux même, ils se déchirent, se battent pour leur emplacement. (...) (p.18)

Face à cette lutte acharnée pour le contrôle d'un pays meurtri, mutilé, les personnages ont compris que la première aide doit venir de l'intérieur, d'elles-mêmes, de nous-mêmes :

LA PLUS ÂGÉE.- Penser pour nous, pour nous-mêmes. Même si là maintenant, là en cet instant, nous ne pouvons pas encore penser pour nous. (p. 31)

Pour la modernité et la postérité

Cette pièce de Guy Régis Jr est aussi une interrogation, une remise en question, un retour en arrière, une introspection à la manière de Paul Verlaine quand il se trouva en prison. Les questions sont multiples et sont tellement importantes que la quasi totalité des pages constituant la pièce proprement dite comporte au moins une interrogation, parfois sans trop grande importance :

La Jeune.- Tu dors. Tu ne dors pas ? (p.11) ; La Plus Âgée.- Pourquoi ? Hm ? (p.50)

Mais souvent, elle est posée pour servir l'érotisme grandissant :

LA PLUS ÂGÉE.- Ton corps est doux. Qu'est-ce que tu sens ? (P.41), LA PLUS ÂGÉE.- (...) Laisse-moi. Je peux ? Seulement cela. Te toucher. Tu permets ? Te toucher le corps. (p.41).

Et, certaines fois, pour toucher des sujets importants, incontournables touchant l'existence de tout un peuple dont le passé est marqué par des occupations constantes tantôt pour des raisons politiques et/ou économiques ou, dans le présent cas, pour des raisons humanitaires :

LA JEUNE.- Qu'ils viennent. Que veux-tu ? S'ils n'ont que ça à foutre. Qu'est-ce que tu veux ? Qu'ils viennent ! C'est comme ça. Qu'est-ce que tu veux que ça foute ? Laisse-les faire, accomplir leur mission, leur grande mission sur notre dos. Longtemps que ça dure. Leur croisade intemporelle. Des missionnaires ! (p.24).

Malgré leur présence considérée comme inopportune, ces occupants ne sont pas là au hasard, ils bénéficient de la complicité des occupés, c'est cette vérité crue et pure qui ressort de la bouche des deux putes, l'une après l'autre :

LA PLUS ÂGÉE.- Ils sont là de toute façon. Et nous, on n'y peut rien. Ils sont là, prennent place, à la demande des responsables, qui, eux, les ont appelés, nos responsables. (p.19)
LA JEUNE.- Non. Rien je ne ris pas. Je badine, comme tu dis. C'est tout. Je n'ai rien dit. Après tout c'est de notre faute. Corps mort appelle mouche. (p.20)

Et comme la vie ne s'arrête pas avec la mort d'un humain ou d'un nombre incalculable d'humains, la disparition de ces milliers d'âmes et le départ de plusieurs autres compatriotes vers d'autres cieux ne doivent pas signifier la fin, les deux femmes l'ont bien compris, c'est pour cela qu'elles se ressoudent à faire leur deuil et recommencer malgré la noirceur de l'horizon :

La Plus Âgée.- Faire le deuil, le deuil. Autant d'éteignements, de disparition. Autant d'effacement, oui, oui. Faire le deuil. (...) Compter ceux qui s'effacent, se sont effacés, pour fêter la vie qu'il nous reste à vivre après. (...) (p.40)
La Plus Âgée.- Il ne reste plus rien de vieux. Oui, plus rien de vieux. Plus rien de vieux. Il ne reste plus rien. Mais on trouvera, on trouvera. (p.29)

De toute la terre le grand effarement s'inscrit dans une tradition de continuité positive où le texte théâtral représente le prolongement nécessaire de la lutte en faveur la survie de ce genre littéraire qui a fait le bonheur de nombreuses générations. Les efforts pour présenter un théâtre autre qui n'est pas confondu au –faire rire- ou à la comédie comme certains ont tendance à le faire croire en sortant la fameuse formule : C'est du théâtre ! Les actions permettant à des jeunes acteurs et des pièces de théâtre de sortir de l'ombre augurent peut-être, malgré l'absence des salles de spectacle, des jours meilleurs pour un théâtre qui se bat contre la mort. Après cette longue tradition, le fondateur de la troupe Nous, tel un militant du théâtre œuvre à sa perpétuation. Un travail qui mérite d'être salué autant que ces initiatives de proposer un théâtre moderne en jouant notamment dans les rues, les écoles, les espaces universitaires, les places publiques (ce qui permet, notamment, de contourner le problème des salles et d'atteindre un plus large public). Aux jeunes d'Haïti dont l'éducation théâtrale s'est arrêtée au classicisme français, aux autres haïtiens pour qui le théâtre se confond au comique (ou plutôt le faire-rire), des textes de théâtre d'auteurs contemporains sont là pour leur prouver le contraire et surtout pour leur dire qu'avec des auteurs comme Syto Cavé ou Guy Régis Jr que le théâtre ce n'est pas… que du théâtre !

Jean James ESTÉPHA, M.A.

Bibliographie

CLERMONT, Paula Péan, « Vie culturelle et théâtre 1804-2004 : côté ombre, côté lumière », *Africultures*, vol. 1, n° 58, 2004, pp. 57-66. https://doi.org/10.3917/afcul.058.0057. Consulté le 22 Avril 2016.

JEAN PIERRE, Jacques Adler, « Plaidoyer pour la Redynamisation du Théâtre Haïtien » *Rasin Lespwa*, décembre 2012. http://www.rasinlespwa.org/2012/12/plaidoyer-pour-la-redynamisation-du.html, Consulté le 24 avril 2016.

LAROSE, Vernet, « Le théâtre populaire en Haïti 1930-1980 », *Google Groupe Forum*, 25 mai 2012. https://groups.google.com/forum/#!topic/haiti-nation/-1-3t4qx214, Consulté le 24 avril 216.

POMPILUS, Pradel, BERROU, Raphaël, *Manuel illustré d'histoire de la littérature haïtienne*, Port-au-Prince, Henri Deschamps, 1961.

RÉGIS, Guy, *De toute la terre le grand effarement*, Besançon, Les Solitaires intempestifs, 2011.

Pour citer cet article :

Jean James ESTÉPHA, « Guy Régis Junior : théâtre, engagement et absurdité », *Revue Legs et Littérature*, no. 7, 2016, pp. 55-63.

• Deuxième partie

Entretiens

James Noël : écrire à côté... pour contrarier les clichés

Né à Hinche dans le département du Centre, James Noël est poète, chroniqueur et opérateur culturel. Il est aujourd'hui l'une des figures les plus représentatives de la nouvelle génération d'écrivains haïtiens. Concepteur d'une revue d'art et de création baptisée, IntranQu'îllités, il est l'auteur de dix recueils de poèmes et d'un livre pour la jeunesse, La fleur de Guernica *(2010). Il a dirigé chez Seuil* l'Anthologie de la poésie haïtienne contemporaine *(2015), un livre regroupant soixante-treize poètes haïtiens, toutes générations confondues.*

Legs et Littérature (L&L) : *James Noël, vous figurez parmi les écrivains haïtiens très côtés à l'étranger. Auteur d'une œuvre poétique d'une grande valeur, maître d'œuvre d'une revue très prisée, est-ce que vous vous considérez comme un (potentiel) chef de file de votre génération ?*

James Noël (JN) : Mon œuvre poétique reçoit ouvertement vos compliments. Elle me charge de vous remercier pour m'avoir accueilli dans les colonnes de *Legs et Littérature*, afin de donner ma propre version des faits. Pour mieux répondre de mes actes. Je ne suis pas chef de file, ni chef de clan, ni chef de bande, entendons-nous. Mais, je veux bien passer... pour quelqu'un qui a pour quête de devenir...un chef-d'œuvre, oui on peut bien aspirer à ça, pour aller vers son poème, vers son double réalisé parce que rêvé. On peut y arriver, malgré la tentation de la boue spirituelle ambiante.

Faire de ma vie, une sculpture épousant beauté en débordement, au-delà même du simple geste poétique. Je crois en notre capacité d'habiter la planète Terre en poète. Je crois qu'on peut habiter son corps en poète, plus que dans la posture

> « Je ne suis pas chef de file, ni chef de clan, ni chef de bande »

du corps penché pour écrire. Mon imaginaire aurait pu s'embobiner, s'étioler en tournant sur lui-même, mais le fait de rencontrer des cosmos différents, des talents porteurs d'oxygènes nouveaux, me porte à croire que l'avenir sera peut-être respirable. La présence de l'autre porte une nouvelle heureuse dans ma vie. On dit en créole que "moun sòt se evennman". Je perçois toute présence comme un événement au départ.

Pour revenir à nos moutons de chef de file. J'aime bien les têtes sculptées en tête de proue, clin d'œil à Césaire dans son *Cahier*, mais malheureusement pour moi, je n'ai pas assez de temps pour me résoudre, relever le défi majeur de toutes les équations qui se posent dans ma vie, avec des inconnus, des inconnus sans nombre.

Dans un pays en perdition, avec tant de boussoles déboussolées, de papillons frappés de découragement, de modèles aux ailes cassées, j'essaie de faire de mon mieux sur le fil fragile du rasoir. Il y a toujours quelqu'un qui nous regarde. Un garçon de rue. Une adolescente. Qu'importe ! Mes mots sont des grains de maïs adressés, faute de pépites d'or, à une paire d'yeux cherchant à faire le tri sous une lampe à bec. J'ai beaucoup de foi en l'autre, la poésie est source de cette foi. La poésie comme Dieu enfin Suprême. Voilà mon évangile du soir.

« *J'ai beaucoup de foi en l'autre, la poésie est source de cette foi* »

L&L : *Et si nous parlons un peu de vos premières expériences littéraires, dites-nous comment cela a commencé ?*

JN : Mon premier poème, je crois l'avoir écrit debout. En trois minutes. Sans ratures. Une petite catastrophe masquée par ses rimes.
Je l'avais signé Victor Hugo. Je l'ai montré à mon frère ainé Geebs, lui qui était considéré comme poète à l'école. Il a tout de suite souhaité prendre Hugo comme modèle, pour pouvoir

écrire des poèmes comme ça. Il n'avait pas compris que ce mauvais poème venait tout juste d'être improvisé en un tour de main. Quand je lui ai dit la vérité... (sur le mensonge-poème), il était vexé et il l'a déchiré. J'étais né, voilà. Mon visage s'est dessiné dans une déchirure de papiers.

S'en sont suivies bien d'autres naissances un peu plus tard, comme la table avec la nappe blanche préparée par ma mère, Marie Abel, pour accueillir mes premiers mots à la maison. Première nuit banche à l'heure où tout le monde dormait. Et ma mère éblouit au réveil devant mes premiers mots. Mes premières fois sont le plus souvent créoles. « Bòn Nouvel » par exemple avec Wooly Saint-Louis Jean, titre d'un poème qui rend hommage aux pieds des femmes, a beaucoup marché. Ce poème mis en musique m'a valu une réputation avant publication, pire malédiction pour un jeune homme qui doit surmonter la peur, la timidité, le bégaiement et la propension à la grosse tête dans un espace étriqué, chargé d'embûches, de gloires factices et éphémères. Je crois que j'ai réussi à surmonter tout ça par une sagesse épousée dans la vingtaine, et surtout grâce à l'aide de mes ami(e)s comme Frankétienne, Michèle Pierre-Louis, Yves-François Pierre, Frantz Moïse et Michèle Marcelin Voltaire. Honneur et gloire à ces rencontres fécondes qui m'ont fait prendre confiance et conscience.

L&L : *À une certaine époque, vous étiez l'écrivain des résidences (Paris, Rome, Nouméa, Brésil, Suisse...) et vous avez fait d'énormes et d'excellentes rencontres. Comment avez-vous vécu ces moments-là ?*

JN : L'auteur d'un ouvrage, ça existe. Mais l'écrivain des résidences n'existe pas. Il n'y a rien qui tombe des mains plus qu'un livre qui sent le préfabriqué des résidences d'écriture. Il faut porter beaucoup de livres en soi, de doutes, de questionnements, de ressources et de fièvre pour pouvoir mener

« *L'auteur d'un ouvrage, ça existe. Mais l'écrivain des résidences n'existe pas* »

sa barque, son frêle bateau-papier n'importe où. L'idéal pour un auteur, serait de transformer sa chambre en résidence d'écriture. Malheureusement, on est pris dans le piège de la vitesse, de l'environnement, du bruit et de la fureur de vivre, sans compter les contraintes et mille autres contingences qui nous poussent à rater le rendez-vous avec nous-mêmes. Alors, on devient un peu auteur par rattrapage, on écrit à côté comme un geste secondaire, sans plonger nos mains réellement dans le vif inflammable de l'imaginaire.

D'un autre côté, je reconnais que les résidences d'écriture ont beaucoup apporté dans ma vie, en terme de défis, de nouvelles expériences à affronter, parfois des impossibilités, voire des impasses à surmonter, car les résidences se suivent mais ne se ressemblent pas. Pour une raison qui m'échappe encore, j'étais sollicité à venir en résidence à mes débuts. Peut-être jouissais-je à l'époque d'une aura de jeune homme insouciant et travailleur ? Je trouve que les résidences demandent souvent trop aux auteurs où ils ont très peu de temps finalement pour écrire. C'est ce qui m'a motivé d'ailleurs à créer *Passagers Des Vents*, une résidence faite pour dormir et vivre sa vie au bord de la mer en buvant du rhum Sour. Cette formule expérimentée à Port-Salut a marché comme une potion magique. Demandez à Yanick Lahens, une romancière sobre. Marvin Victor et Makenzy Orcel, eux dormaient, avec l'alcool d'Apollinaire à leur chevet.

Nos invités ont beaucoup donné pendant et après les résidences. Tout corps plongé dans le repos subit une pression intérieure. Appelons-la "pulsion créatrice" en résidence de repos.

En ce qui a trait à mes expériences d'auteur, je ne tairai pas mon séjour en Nouvelle-Calédonie, pays qui m'avait reçu comme invité en 2009. Par la suite, on me proposa de venir en famille pour être le premier auteur en résidence. Me retrouver dans le Pacifique, à cent mille lieues d'Haïti, cela a sûrement compté pour l'écriture de *Kana Sûtra*, recueil de textes champêtres et de positions sur plein de choses. Positions sur le tremblement de terre, sur la femme, sur la vie, sur l'homme, sur la compassion, sur le monde.

Mon expérience romaine, à la villa Médicis fut extraordinaire. La villa est un cadre chargé de luxes, de mythes, d'histoires, de « fantômes » en passant de Debussy à Balthus ou encore Fellini, lui qui fréquentait souvent la Villa. Là-bas, j'ai écrit trois livres, ai bouclé avec Pascale Monnin, le premier et le deuxième numéro de la revue *IntranQu'îllités*. Beau bilan. Ce n'est pas une résidence classique qui accueillait des forçats du travail. J'ai profité de cette parenthèse rêvée pour voyager beaucoup dans différentes villes en Italie. Je continuais à honorer les invitations, comme au Brésil, en Argentine, en France, en Suisse etc. La villa Médicis comme point d'ancrage et de lecture. Je fréquentais souvent la grande bibliothèque de la villa, toutes mes lectures inachevées laissées là-bas constituent autant de manques à gagner ou de chagrins d'amour qu'il me reste à combler. J'avoue que je souffre de nostalgie sectorielle, pas de la villa Médicis elle-même, mais de la bibliothèque qui devenait comme un coin privé, ou encore le café latte de la cafétéria, sans oublier le ciel de Rome, un ciel paraphé d'étourneaux.

L&L : *Ces résidences vous ont-elles permis de mieux travailler votre écriture poétique ?*

JN : Comme je l'ai dit plus haut, les résidences ne constituent pas le ferment de mon imaginaire. Un auteur paresseux à qui on donne une indemnité, un appartement trouve parfois plus de prétextes pour pondre un texte qu'un autre qui doit brasser ciel et terre afin de faire bouillir sa marmite. Mais ces deux auteurs ne sont pas si éloignés. La question est comment on s'y prend pour être...dans sa vérité. Pour faire bouillir son être. Comment on prend son pied. Comment marcher. Comment l'on fait pour jouir.

L&L : *Entre 2013 et 2015, vous avez mis en œuvre deux grands projets :* IntranQu'îllités, *la revue de création publiée chez Zulma et l'*Anthologie de la poésie haïtienne contemporaine *parue chez Points qui regroupe 73 poètes vivants. Vous voulez bien nous parler un peu de ces réalisations ?*

JN : Les grands projets naissent plus ou moins après coup. On se tâte, on cherche et on se cherche entre peur et tremblement. Et soudain se déclenche quelque chose qui n'a pas nécessairement de forme. Faut être un peu chien renifleur, plus que singe savant pour suivre l'éclair souterrain...à la trace. Réussir à capter une lueur, une étincelle est déjà considérable. Pour *IntranQu'îllités*, rêve déguisé en revue, je peux dire que ça a pris naissance par la force des choses. Un séisme qui a provoqué 300 000 morts. Et un pays du jour au lendemain sous les décombres des clichés. Les Haïtiens enterraient d'une main et se protégeaient des piques de beaucoup de medias, de l'autre. Le séisme a tout de même bon dos. Le pays n'avait plus de salles de cinéma quelques années avant. Il n'y avait plus de revues non plus.

Tout a commencé par une résidence créée, un prétexte pour dire non à ceux qui m'invitaient, mais surtout pour renouer avec notre tradition d'accueil. Ainsi *Passagers des Vents* fut créé, première structure de résidence pour offrir l'hospitalité aux imaginaires du monde entier. Pascale Monnin m'a donné tout de suite son soutien sans faille, elle a mis son grain de sel au projet, initié à Port-Salut. Et comme une bonne action ne reste jamais impunie, *IntranQu'îllités* a pris le relai de la manière la plus naturelle qui soit. Une revue pour contrarier non seulement les clichés, par le prisme de la beauté, mais une

« Les grands projets naissent plus ou moins après coup »

« Haïti, grande puissance de la création, ne doit pas être évaluée par son PIB »

proposition en temps de catastrophe, une boîte noire pour capter les vibrations du monde. Haïti, grande puissance de la création, ne doit pas être évaluée par son PIB, mais par sa haute magnitude dans l'imaginaire. *IntranQu'îllités* est un pied de nez fait aux experts patentés de la compassion, de la souffrance ou des gravats programmés une fois pour toute.

Nous avons reçu ici Breton dont le passage a créé une révolution. Aimé Césaire a séjourné plus de 6 mois en Haïti. J'ai été élevé dans les mythes et l'accueil de ses grands visiteurs. C'est sûrement par une forme de nostalgie que m'est venue l'idée *d'IntranQu'îllités*, non seulement pour combler un vide, mais aussi pour constituer cette union libre et turbulente de toutes nos belles rencontres et amitiés accumulées au fil des voyages et des lectures, toutes disciplines fondues et confondues... La petite victoire que je savoure en douce avec cette expérience est la naissance des Éditions Passagers des Vents. Trop occupés à faire la revue, nous oublions de parler de notre travail d'éditeurs. Après tout, la vérité est dans l'action. Notre heureuse nouvelle, en 2014, est la rencontre avec les Éditions Zulma qui offre hospitalité à la revue. Un partenariat qui a pris plusieurs formes : Accompagnement dans la réalisation de la revue, suivi de fabrication (relecture, impression etc.) et bien sûr la diffusion.

L'anthologie est une toute autre aventure. Les Éditions Points m'ont sollicité pour faire une publication de poche avec quelques-uns de mes titres ; par la suite, l'éditrice Véronique Ovaldé m'a demandé de diriger une anthologie de poésie haïtienne, proposition à laquelle j'ai positivement répondu. Il m'est arrivé de diriger d'autres anthologies par le passé, chez des éditeurs plutôt confidentiels. Avoir 73 poètes haïtiens qui se tiennent par la main dans une publication chez Points, est en soi un petit exploit. En tout cas, c'est accueilli comme tel dans différents médias. Beaucoup de voix féminines sont présentes, une astuce, un doigt d'honneur, pardon, fait à cette bande de

«Les Éditions Points m'ont sollicité pour faire une publication de poche avec quelques-uns de mes titres »

parlementaires, constitués de « mâles élus », pour reprendre le titre d'un judicieux article.

L&L : *Vous avez reçu également pas mal de prix durant votre carrière. Quelle valeur ont ces prix à vos yeux ? Vous les considérez comme une forme de reconnaissance ou de consécration de votre œuvre ?*

JN : À mes yeux, les distinctions et les prix sont l'expression des dégâts collatéraux provoqués plus ou moins par une œuvre. J'ai constaté qu'après avoir remporté le *Prix Fètkann, mémoire des pays du sud et de l'Humanité* décerné au Café Flore (Paris), qu'une petite vague s'était créée autour du livre *Le sang visible du vitrier,* qui a bénéficié de deux rééditions coup sur coup. Les prix peuvent servir à dynamiser, à promouvoir le livre. Mais un livre-dynamite peut bien s'en passer. « Achète-moi je ne vaux rien puisque l'amour n'a pas de prix » écrit Léo Ferré. Les chefs-d'œuvre sont œuvre d'amour, et peuvent évoluer sans prix littéraire, ni code-barre. *Cahier d'un retour au pays natal, La Bible, Fureur et mystères, Voix, Cent ans de solitude,* ces livres-là renferment la vie et portent en eux le grain d'éternité qui est plus fort que les prix. En matière de livre, il est difficile d'être bon grain dans la grande masse de l'ivraie.

> *« Les chefs-d'œuvre sont œuvre d'amour, et peuvent évoluer sans prix littéraire*

L&L : *Votre regard sur la production littéraire en Haïti dans les dix prochaines années...*

JN : Je suis en totale admiration en présence de la nouvelle vague : Fifi Lovely, Béonard, Guezz, Jean Damérique, Thélyson Orélien, Fabian Charles et tant d'autres.
Ils sont pour la plupart dans l'*Anthologie de poésie haïtienne contemporaine,* livre que je concevais surtout pour eux « un tapis d'écume rouge déroulé à la nouvelle vague ». Les

Néhémy, Fifi Lovely, Martine Fidèle, Eliphen Jean, Dangelo Néard, Wébert Charles, Léon Pierre, (on espère plus de femmes) et tant d'autres, sont la constellation qui va donner les lettres de noblesse à la littérature haïtienne dans les jours et nuits qui viennent. On souhaite plus d'implication et plus d'engagement du secteur professionnel pour accompagner le livre en Haïti. Le réseau composé de bibliothèques, de librairies, de diffuseurs et bien d'autres opérateurs jouent une partition souvent désaccordée par rapport aux auteurs. Parfois, je me demande si certains opérateurs ne font pas qu'arracher des ailes sur le dos des livres, qui ne peuvent pas voler dans de telles conditions. *Livres en folie* qui est en soi une belle fête, est, en fait, une grande opération de « déplumage » des auteurs. C'est impensable de voir qu'un si grand événement ne participe à aucune émergence de voix depuis sa création. En tout cas, ils n'ont clairement pas cette politique. On a besoin de structures, d'événements susceptibles d'accompagner réellement les talents littéraires. Il faut plus de générosité et plus d'ouverture dans le secteur culturel. Autant je suis optimiste sur les talents qui circulent dans le paysage, autant je m'interroge sur les structures d'accompagnement qui semblent déphasées. Le Ministère de la Culture étrangement alimente les basses œuvres d'obscurantisme et d'inculture.

L'espace a besoin de plus d'engagement, de plus de risques, voire de folies. Ici, il y a un vrai manque de folie, ce qui constitue un désenchantement pour l'imaginaire. On ne peut pas envisager le progrès seulement par le prisme de l'économie, de la débrouillardise à la petite semaine, sans grande projection, ni de pari sur l'avenir. Nos grands chantiers, nos arcs de triomphes et bien d'autres citadelles Laferrière sont déjà mis en branle. Passez-moi ce ton de prédicateur de dernier quartier de lune. On a toujours une voix éraillée de faux prophète quand on rêve de lendemain qui chante. Nos

« *On a toujours une voix éraillée de faux prophète quand on rêve de lendemain qui chante* »

bulldozers et nos bulles d'air sont là. Les deux ne sont pas incompatibles pour (re)faire le monde.

L'essentiel qui nous manque est un paysage plus hospitalier à l'avènement et l'événement de l'autre. Un regard aigu qui accueille et reçoit l'inconnu(e) dans sa légende. Ce qui nous manque, est peut-être ce qu'on appelait *Amour* dans les vieux livres de poésie. En fait, c'est la poétique d'un vivre-ensemble qui nous manque, pour ne pas rater notre rendez-vous avec nous-mêmes.

Pour citer cet entretien :

Dieulermesson Petit Frère, James Noël, « écrire à côté… pour contrarier les clichés », *Revue Legs et Littérature* no 7, 2016, pp. 67-76.

Aqiil Gopee : « J'ai tendance à éviter l'engagement »

Né le 22 juin 1997, Aqiil Gopee est un écrivain mauricien qui commence à faire ses preuves. Lauréat à deux reprises du Prix du jeune Écrivain de langue française (PJEF), Aqiil commence à publier des nouvelles fantastiques en 2012. Son recueil de nouvelles Fantômes, préfacé par Ananda Devi, a reçu une vive appréciation du public à l'Île Maurice. L'écrivain Barlen Pyamootoo affirme à la sortie du livre qu'Aqiil « étonnera bien le monde ».

Legs et Littérature (L&L) : *Aqiil Gopee, vous êtes un « jeune écrivain » mauricien qui commence à connaître du succès. Dites-nous avant de commencer si vous vous considérez comme « un jeune auteur », avec tout ce que cela implique de souffle nouveau et de force créatrice ?*

Aqiil Gopee (AQ) : Je dirais que oui, je me considère comme un jeune auteur dans la mesure où je suis jeune et que j'écris, deux caractéristiques qui justifient ce titre. Cependant, il arrive que je trouve le terme réducteur également, dans le sens où on dissocie souvent « jeune auteur » de simplement « auteur » ou « écrivain », et forcément les attentes ne sont pas toujours les mêmes, alors que le travail, oui.

> *« Il arrive que je trouve le terme [jeune écrivain] réducteur »*

L&L : *Vous êtes 3e lauréat du Prix du jeune écrivain francophone en 2013 pour votre nouvelle « Loup et Rouge », c'est votre première récompense à l'étranger et c'est un prix qui a le mérite de révéler des écrivains majeurs. Vous sentez-vous sur la bonne voie ?*

AQ : Absolument. Après un tel sacre (suivi deux années plus tard par un autre), je pense pouvoir effectivement me dire, sans fausse modestie, que je suis sur la bonne voie et que j'ai tout, ou presque, pour réussir. Je ne prends cependant rien pour acquis, et bien que le PJE et les autres distinctions qu'ont reçues mes premières publications m'ont poussé vers l'avant, il me reste encore tant à faire.

L&L : *Dans « Loup et Rouge », vous reprenez l'un des contes de Charles Perrault, véritable pièce de la mythologie européenne, dirait-on. Pourquoi partir d'une histoire connue de tous pour en faire une œuvre remarquable ?*

AQ : C'était avant tout pour déconstruire les fondations de ce que nous prenons pour acquis, en l'occurrence, les contes de fée. On les connaît tous, ils hantent notre enfance, mais voilà tout le problème : ils sont relégués à l'enfance, et on ne réalise pas toujours leur portée hautement symbolique et adulte, que j'ai voulu exploiter à fond dans ma nouvelle. L'idée m'est surtout venue après avoir lu « La psychanalyse des contes de fées » par Bruno Bettelheim, qui analyse justement ces contes pour expliquer tous les sens obscurs dont ils sont porteurs. Dans le cas du *Petit Chaperon Rouge*, la cape rouge représenterait la fille fraîchement pubère et le loup, le désir sexuel. J'ai un peu suivi cette idée pour réunir Rouge et Loup dans une étreinte interdite.

L&L : *« Loup et Rouge » n'est pourtant pas un conte pour enfant, c'est un texte qui lève le voile sur la violence et la prostitution forcée des jeunes filles. Pensez-vous que la voix qui parle dans ce texte est porteuse d'espoir pour ces jeunes filles victimes de cette exploitation ?*

AQ : Peut-être que oui, peut-être que non. Honnêtement, je n'en sais rien et quand j'écris j'ai tendance à éviter « l'engagement », comme on dit ; c'est à dire, j'écris avant tout pour écrire et m'enfoncer dans les mondes troubles qui me

« J'écris avant tout pour écrire et m'enfoncer dans les mondes troubles »

peuplent sans jamais me demander si ce que j'écris pourra aider ou non ceux dont la réalité s'apparente à ma fiction. Si je me pose ce genre de questions avant d'écrire, mon écriture sera moins pure en quelque sorte, et cherchera à s'accrocher à une réalité trop contraignante qui pourra lui faire du mal. Après avoir écrit, cependant, il se peut que je m'interroge sur la portée sociale de ce que j'ai écrit. Quelques mois après avoir écrit « Loup et Rouge » par exemple, j'ai lu dans le journal qu'une grand-mère avait été arrêtée pour avoir forcé sa petite fille à se prostituer. Ça m'a quand même fait quelque chose.

L&L : *Je voudrais vous poser une question pour finir afin que vous partagiez avec les lecteurs vos lectures. Vous avez un style bien travaillé, clair, y a t-il des écrivains que vous considérez comme des maîtres ?*

AQ : Oui, même si le terme « maître » est un peu poussé. Disons juste qu'il m'arrive de retrouver des fragments de leur style dans le mien, quand je me relis, et je pense que c'est une influence assez inconsciente, dans le sens où leurs voix me portent naturellement quand j'écris ; je ne fais pas d'effort conscient pour écrire comme eux. Les écrivains dont je parle sont surtout Ananda Devi, Jean-Baptiste del Amo et Arundhati Roy, qui ont tout trois une expression lourde, poétique et infiniment sensuelle, qui m'a beaucoup touché. Mon écriture est donc secrètement bercée par la leur, comme une barque neuve naviguant sur une vieille mer qui parfois lui murmure son sel.

Pour citer cet entretien :

Webert Charles, Aqiil Gopee, « J'ai tendance à éviter l'engagement », *Revue Legs et Littérature* no 7, 2016, pp. 77-79.

Makenzy Orcel : la littérature, une affaire de passion commune

Makenzy Orcel est né Port-au-Prince en 1983. Poète et romancier, c'est surtout Les immortelles *(2010), son premier roman paru en plein cœur de l'épouvante et salué par le prix Thyde Monnier de la société des gens de lettres (SGDL) qui l'a révélé à la communauté des lettres. Figure montante de la nouvelle génération d'écrivains haïtiens, il a déjà à son actif quatre recueils de poèmes et trois romans, dont le tout dernier,* L'ombre animale, *vient d'être publié en février dernier aux éditions Zulma.*

Legs et Littérature (L&L) : *Parlez-nous de vos débuts à la littérature, cette fougue, cette belle énergie qui t'a canalisé vers l'écriture.*

Makenzy Orcel (MO) : Tout a commencé dans un quartier populaire à Martissant, d'abord par une lecture tout à fait inconsciente ou presque du réel immédiat, des imaginaires et des vies multiples, et des questionnements à travers lesquels j'affrontais mes vides et mes angoisses qui sont peut-être en amont de toute poussée créatrice. J'avais cette envie de me soulager de tout ça, ou traduire, déconstruire, reconstruire la vie tout simplement, celle autour de moi, la mienne, puisqu'il n'y a pas d'océan où se soulager de sa mémoire, disait Jean-Claude Charles. Et il me semblait dès lors que le seul moyen d'y parvenir, c'était par la lecture (le talent, ce feu obsédant qui nous brûle de l'intérieur ne suffit pas), celle des livres écrits par d'autres qui maîtrisent mieux la langue et se laissent habiter par elle. J'ai lu comme un fou. On écrit parce qu'on a lu, pour dialoguer avec ses lectures, ses rencontres, ses voyages, rien, tout.

« On écrit parce qu'on a lu, pour dialoguer avec ses lectures »

L&L : *Vos premiers livres publiés,* La douleur de l'étreinte *(2007) et* Sans ailleurs *(2009) sont des poèmes. Peu après, vous vous êtes tourné vers le récit. De grands écrivains comme Aragon, Bolaňo, Phelps ont été d'abord poètes avant de se tourner vers le roman. Vous aussi vous êtes passé par là. La poésie a-t-elle été pour vous un passage obligé ?*

MO : Cette sorte de saisie dans le temps, de comète folle qu'est la poésie m'a permis, me permet encore de développer, de garder un rapport organique avec la langue. Je fais tout pour soigner ce rapport, le rendre encore plus intense… que ce soit dans *Les immortelles, Les Latrines, L'Ombre animale* ou le prochain livre, l'histoire est toujours secondaire. Je ne sais pas raconter des histoires, ou disons que je suis un romancier qui ne raconte pas une histoire à partir d'une structure romanesque qui obéit à toutes les techniques que l'on connaît. Le bordel me suffit. Pour tout dire, je ne suis pas passé de la poésie au roman. On est écrivain à condition d'être poète, disait Sony Labou Tansi, c'est-à-dire de s'intéresser au langage. Le roman offre beaucoup d'espaces, j'en profite pour étendre ma poésie. Mettre l'un au service de l'autre? Mon travail se situe plutôt là où les deux se touchent. Une musique où tout est au service de la langue qui défile en un seul souffle.

« Le roman offre beaucoup d'espaces, j'en profite pour étendre ma poésie »

L&L : *En 2010, l'éditeur montréalais Rodney Saint-Éloi a publié* À l'aube des traversés et autres poèmes *regroupant aussi vos deux premiers livres. Cette rencontre a-t-elle apporté quelque chose dans votre carrière d'écrivain ?*

MO : La littérature, l'art, ça a toujours été une affaire de rencontres, de passions communes. J'ai eu la chance de rencontrer Michèle D. Pierre-Louis en 2007 qui, à travers la Fondation connaissance et liberté (Fokal) a payé l'impression de mon premier recueil, le deuxième aussi. Ensuite j'ai rencontré Rodney Saint-Eloi à qui, hormis le succès de *Les immortelles* et *Les latrines*, je dois beaucoup. Et plein d'autres rencontres aussi qui font que je suis ce que je suis aujourd'hui.

L&L : *D'aucuns admettent que le séisme de 2010 a eu des incidences sur la production littéraire à telle enseigne que nombre d'écrivains en ont trouvé matière pour certains de leur(s) livre(s). De votre côté, vous avez fait un roman,* Les immortelles, *qui rend un vibrant hommage aux putes de la grand-rue. Ça a été le premier livre sur le sujet. Il y a une histoire derrière l'écriture de ce roman ?*

MO : Si on enlève la figure de la femme de la société haïtienne il ne restera pas grand-chose. Nous formons une longue lignée de sans-père. Pourtant, la voix qui domine, c'est celle de l'absence, celle des questions sans réponse, celle de l'homme, le seul dieu debout… À la fin des années 2000, j'avais un pote dont la mère se prostituait pour pouvoir payer ses études. Elle était digne et fière. Elle le faisait pour sauver son fils sans père, son "caca-sans-savon" (loin de moi l'idée de faire l'apologie de la prostitution, je parle d'une mère complètement démunie). Cette histoire ne m'a jamais quitté. Aujourd'hui, ce fils en question est ingénieur informaticien. La mère-prostituée est morte…

Après le séisme, j'avais été à la Grand-Rue pour constater qu'à la place des maisons closes, entre autres, c'était un champ de ruines et de cadavres. J'ai pensé à la mère de mon ami, à ma mère aussi qui a travaillé comme femme de ménage, vendu des mangues, porté des charges lourdes sur sa tête pour que je vive. Et j'ai eu la phrase suivante : une ville sans pute est une ville morte. Tout simplement pour dire, un pays sans ces femmes-là est un pays mort. À partir de ce moment-là, je devais écrire ce livre. Je n'avais pas le choix. Un texte bref. Une histoire qui traduit bien la force du roman n'est pas dans la corpulence mais

« une ville sans pute est une ville morte »

dans sa capacité à mener le lecteur hors de ses zones habituelles, provoquer chez lui des réactions…

L&L : *Comment sont vos rapports avec les écrivains de votre génération ?*

MO : Il y en a avec qui je partage pas mal d'amis et d'affinités, et d'autres que je me contente de lire. Je les croise comme ça. Si c'est possible on passe un bon moment, ensuite chacun retourne à ses petites affaires.

L&L : *Qu'en est-il de ceux de la génération précédente ?*

MO : j'ai quasiment tout lu de la littérature haïtienne classique et contemporaine dont je suis un héritier. Pareil, parmi ces écrivains il y en a qui sont de vrais potes, et d'autres que je croise dans des festivals et des salons.

L&L : *Vous avez eu un ou des mentors, quelqu'un à qui vous passez vos textes et qui juge de leur qualité ou autres ?*

MO : Ni Dieu ni Maître, le seul juge dans cette affaire c'est le temps. Est-ce que ce texte aura assez de reins pour résister aux fracas du temps ? Toute la question est là. Sinon, au début, c'est normal, on est pressé. On se cherche. On ne sait pas trop. On a peur de piocher à côté. On a besoin d'un regard expérimenté. Ensuite, avec le temps, on apprend à être patient, à laisser grandir le texte. On se rend compte que c'est quelque chose qui se passe avec soi-même, qu'on n'a pas envie que ça se sache tout de suite. Même mon éditeur il découvre tout ça à la fin.

«Ni Dieu ni Maître, le seul juge dans cette affaire c'est le temps»

L&L : *Qui sont donc les écrivains que vous chérissez ?*

MO : Ceux, entre autres, qui sont toujours dans mon sac : Jacques Roumain, Jacques Stephen Alexis, Céline, Rimbaud, José Saramago, Pessoa, Marquez, Fuentes, Borges, Faulkner, John Fante, Amado, Cortazar, Roth, Steinbeck...

Pour citer cet entretien :

Dieulermesson Petit Frère, Makenzy Orcel, « La littérature, une affaire de passion commune », *Revue Legs et Littérature* no 7, 2016, pp. 81-85.

Quatre plumes émergentes

■ ■ ■ ■ ■ ■ ■ ■ ■

JOËL AMAH AJAVON
une voie particulière et plurielle

Doctorant ès Arts et Culture (spécialité : théâtre) et titulaire d'un DEA en Sémiologie théâtrale, Joël Amah Ajavon, togolais, est un auteur qui continue inexorablement son ascension dans un univers littéraire qui est le sien. L'auteur, exigent, a du cœur à l'ouvrage. Le dramaturge a plusieurs cordes à son arc. Il est comédien et metteur en scène. Formé en interprétation dramatique à l'École Studio Théâtre d'Art de Lomé (STAL), il fait un travail à la base, au Togo, dans le développement et la promotion du théâtre contemporain. Actuel secrétaire du réseau d'auteurs *Escale des Écritures* et directeur du Festival International de Théâtre de Maison (FITMA), il est également l'administrateur de la Maison des Artistes de Baguida qui est l'un des touts premiers lieux au Togo à même d'accueillir des résidences d'auteurs.

Après avoir brûlé ses écrits de jeunesse, comme il le dit assez froidement, Joël Amah Ajavon fait son entrée en littérature en 2013 avec la publication de *Ma rivale, la mitraille*[1], un recueil composé de quatre pièces de théâtre : «Ma rivale, la mitraille», « Juste savoir », « Le gain du trépas » et « La rue des lauriers ». Dans « Ma rivale, la mitraille » pièce lauréate des Scènes du Théâtre Francophone d'Afrique Centrale 2010, il est question de l'absurdité de la guerre. Pour se venger des récriminations électorales qui ont lieu à l'est du pays, les soldats de l'armée républicaine ont été déguisés en rebelles. Sous prétexte de venir en aide aux populations victimes de la guerre, un appel à volontaires pour combattre les pseudo-rebelles a été lancé à l'intention des proches des victimes. Malheureusement, ces volontaires sont enrôlés dans d'autres guerres plus meurtrières

---

1. Lomé, Editions Awoudy, 2013.

d'où ne reviennent que leurs dépouilles. Dans cette atmosphère cadavérique surgit une femme avec une arme plus redoutable.

« Juste savoir » est un autre rendez-vous manqué où les peurs et les envies de retrouvailles entre un père et son fils jouent à cache-cache. Les blessures du passé y sont encore fraîches. Malgré l'épaisse couche des années, l'attente des espérances nouvelles balbutient pour finir dans un flétrissement. Le repli intime du père, plus qu'un aveu d'impuissance, nous jette sur les routes d'un vide plein. Le fils sur le point d'être un père, cherche à retrouver le sien. Il y a un silence entre ces lignes qui nous traversent. Un silence du possible ; un silence qui ne dissipe pas les peurs de ce fils qui redoute d'être, d'une certaine façon, la copie de son père. Le texte a été mis en scène par Hermine Yollo, metteure en scène camerounaise, et est joué à l'Institut français de Yaoundé, de Douala et en République Démocratique du Congo.

« Le gain du trépas » est, quant à lui, cousu d'un fil comique. L'humour jette une lumière cruelle sur le commerce d'un malheur créé de toute pièce : la mort d'un père. Nick prétexte faussement de la mort de son père. Aidé par son ami Yan, le fils profite de l'aubaine pour se remplir les poches. Ils organisent une collecte de fonds. Nick prétend vouloir faire dignement ces funérailles. Il réunit une cagnotte quand surgit le présumé défunt. Celui-ci s'empare du butin, à juste titre. Ce texte qui nous dépeint l'arroseur arrosé, jette à la face du monde certaines pratiques souvent en vigueur, sous le manteau, en cas de cataclysme, de tremblement de terre… bref comment un prédateur crée une information de toute pièce à des fins lucratives.

Dans « La rue des lauriers », le dramaturge fait croiser notre chemin avec ceux d'un duo. Emma et Léon « cherchent la voie qui mène à la rue des Lauriers ». Cette adresse évoque à Léon, un hôtel où passer du bon temps avec Emma. À Emma, c'est plutôt l'autel. Léon parait à celle-ci sous les traits du « prince charmant ». Ces personnages se cherchent, « se perdent même avec les mots ». Les quiproquos, heureuses trouvailles, habillent d'humour ce texte, portent loin les personnages dans leur quête et nous (lecteur ou public) avec eux.

« Camp sud[2] » est un duo qui traite de l'immigration ou plutôt d'une rencontre, celle de Béatrice et Edem ; une rencontre faite de préjugés, d'appréhensions, de générosité et d'humanisme.

Une « Pseudo-vie familiale[3] », d'une veine comique inspirée du vaudeville, dépeint la famille d'Adonis en déflagration, son infidélité et le chômage de ses fils. Pepina, sa femme, fait appel à un pasteur qui, loin de résoudre les problèmes, apparemment les aggravent. Cette pièce mise en scène par l'auteur a été nominée meilleur texte et meilleure mise en scène lors des Grands Prix du Théâtre Francophone 2014.

Dans « Simagrées[4] », deux individus loufoques X et Y en quête acharnée de reconnaissance et désirant être vus, s'imaginent une scène de viol et un crime dont ils seraient les auteurs. Des simagrées, juste pour être vus. Cette pièce, mise en scène par le metteur en scène ivoirien Souleymane Sow, a fait le tour de bon nombres de festivals en Afrique et avec en prime des distinctions.

En tant que metteur en scène, Joël Amah Ajavon marque la scène togolaise par la qualité et l'accessibilité de ses spectacles. En témoigne sa dernière : *La République des slips* d'Apedo-Amah Togoata et de Charles Manian. Joël Ajavon est un féru de travail, un passionné de théâtre. Un homme qui se bat pour ses idées de liberté, mais également ses visions du monde, ses peurs et joies. Il est toujours entre un projet d'écriture, une mise en scène ou encastré dans les dédales de son bureau en tant qu'administrateur de structure culturelle. La

« Joël Amah Ajavon marque la scène togolaise par la qualité et l'accessibilité de ses spectacles »

---

2. Lomé, Editions Awoudy, (En cours), cette pièce est traduite en allemand et joué au Deutsches Theater Berlin, Septembre 2013.
3. Inédit.
4. Lomé, Editions Awoudy, 2015.

recherche accrue de ses personnages, leur grande caracté-
risation font de l'écriture de Joël Ajavon, une petite étoile qui
brille sur les scènes togolaises, africaines et même euro-
péennes. Une voix en plus pour le monde, une voix surtout
particulière.

Kokouvi Dzifa GALLEY

EVAINS WÊCHE
une promesse générationnelle

Né à Jérémie dans le Sud-Ouest d'Haïti, Évains Wêche est médecin de formation. Il a grandi dans cette ville, communément appelée la *Cité des poètes*, au bord de la mer, les pieds dans l'eau et la tête tournée vers le bleu de l'horizon. Il a eu une enfance plutôt heureuse dans la douceur fraîche de la nature. Nouvelliste et romancier, c'est peut-être son contact avec la verdure de la ville, sa lecture des écrivains comme Etzer Vilaire, Roussan Camille, Émile Roumer et autres créateurs de cette partie de terre enfoncée dans la mer qui l'a conduit à l'écriture.

Ayant laissé cette province pour se rendre dans la capitale en vue de poursuivre ses études, il a découvert ce qu'il a appelé un Port-au-Prince qui n'était pas du tout beau à voir et à contempler mais qui était tout de même mieux qu'aujourd'hui. Cette capitale de l'avant-séisme qu'il a peinte dans son roman *Les brasseurs de la ville*. Cette ville qui le hante dans ce récit ne cache pas la misère des familles livrées à elles-mêmes. Des petites filles qui n'ont pas peur de se donner au premier venu juste pour la recherche d'un mieux-être personnel ou pour le bonheur de leur famille.

C'est Gary Victor, romancier et auteur de nouvelles, qui l'a découvert au cours de l'une de ses séances d'ateliers d'écriture lors de ses multiples voyages dans les diverses villes de province à la recherche de nouveaux talents. En 2013, il figure avec deux textes dans le recueil de nouvelles titré *Je ne savais pas que la vie serait si longue après la mort* publié aux éditions Mémoire d'encrier. Ce livre est un collectif dirigé par l'auteur de *Nuit albinos* dont l'une des nouvelles d'Évains Wêche sert de titre éponyme.

Lauréat du prix littéraire Henri Deschamps en 2013 avec son recueil de nouvelles intitulé *Le trou du voyeur*, Évains Wêche est une promesse sûre de la littérature haïtienne. En 2014, il a participé au projet de livre collectif *...des maux et des rues* paru chez LEGS ÉDITION en y publiant une nouvelle titrée « Nos pieds dans des sachets ». Il est l'auteur d'un petit récit paru en 2015 aux éditions Ruptures, *Les sept quartiers de la parole*.

Membre de l'atelier de création Marcel Gilbert de la bibliothèque Justin Lhérisson à Carrefour, il fait partie du comité de lecture des Éditions des Vagues, une maison d'édition qui a pris naissance dans ladite bibliothèque et qui promeut la production des jeunes créateurs. Son premier roman, *Les brasseurs de la ville* est réédité aux éditions Philippe Rey en France. Wêche s'accroche aisément à l'écriture. Il est donc une promesse sûre de la nouvelle génération d'écrivains haïtiens.

« Évains Wêche est une promesse sûre de la littérature haïtienne »

Mirline PIERRE

KERMONDE LOVELY FIFI
porteuse d'espoir

Depuis le début des années 2000, une « nouvelle » génération de poètes commence à se faire publier soit à compte d'auteur, soit sous l'égide d'une jeune maison édition ou d'un aîné. Ils ont, comme toutes générations classiques, à peu près le même âge, par conséquent, vivent les mêmes événements. Comme les générations antérieures, il y a quelques têtes féminines qui émergent avec une plume mature. Mais, l'omniprésence du masculin semble toujours les mettre en marge. On a souvent tendance à oublier Ida Faubert dans la liste des écrivains de la Ronde. Ou Jacqueline Beaugé entre le groupe *Haïti Littéraire* et *Houghenikon*. Ou encore Farah-Martine Lhérisson de la géné-ration que Lyonel Trouillot a appelée « Génération mémoire ».

Parmi les poètes de cette « nouvelle » génération, il faut compter à présent Kermonde Lovely Fifi. Comédienne et surtout poétesse, elle n'a pas besoin de porter un pantalon d'homme pour se faire une place dans le milieu littéraire comme le faisait George Sand au XIXe siècle. Ou signer le nom de son mari comme Colette signait Willy au début du XXe siècle. Elle n'a qu'une plume pour exprimer toute la beauté des mots et surtout une indignation face à une réalité macabre, une occupation molle, honteuse. Vie cassée. Ville cassée. Par analogie à la conception de l' « horrible vie ! horrible ville » de Charles Pierre Baudelaire, dans son *Spleen de Paris*.

C'est de cela qu'il s'agit dans le premier recueil de poèmes de Kermonde Fifi Lovely, titré *Cassés*. Paru en avril 2013 chez Ruptures, ce premier recueil de poèmes ne fait pas soixante-dix pages. Cependant, Fifi y exprime tout son art et toutes ses forces. La romancière Emmelie Prophète l'a bien vu dans sa préface. Elle « vient de prendre là un engagement terrible :

« Parmi les poètes de cette « nouvelle » génération, il faut compter à présent Kermonde Lovely Fifi »

celui de devoir rester égale à elle-même, offrir à chaque fois cette poésie magnifique». Pari qu'elle a plus ou moins réussi en publiant son deuxième recueil de poèmes chez le même éditeur, deux ans plus tard, *Exil ou Abandon*.

Des larmes et encore des larmes

Cassés, son premier recueil de poèmes, est fait de mots fragiles, d'espoirs éparpillés dans le vent des solitudes, d'amours volatiles mais surtout de larmes. De beaucoup de larmes. Tout pleure chez Kermonde Lovely Fifi. Les lèvres, les langues, les mots. Les rivières, la pluie, l'eau... Que ce soit dans des poèmes comme « Extase », «Inconnu », « Vue d'ailleurs », « Attente », « Ressentiments », ou « L'homme et la rivière ». Tout pleure comme dans un poème élégiaque de Paul Verlaine. Les larmes coulent paisiblement comme le *Lac* d'Alphonse de Lamartine ou la *Seine* sous le pont de Mirabeau de Guillaume Apollinaire :

Tout change
Qui aurait pu penser [Que]
L'humanité jugerait nos pleurs (Cassés, p. 23)

Ou encore

Bientôt minuit
Partout de l'eau
De l'eau partout (Cassés, p. 45)

L'eau chez Fifi est un prétexte, une « fausse pluie ». Il n'y a que des larmes. Partout des larmes. Jeune fille cassée, qui avoue n'avoir « connu d'orgasme dément » et qui vit un « triste-temps », Fifi prend pourtant une position forte. N'allez pas voir par-là de l'érotisme. C'est une position contre cette occupation molle, ce laisser-faire politique, cette dérive qui sème des pluies qui encombrent le visage des autres.

Cette inondation, ce débordement d'eau dans la poésie de Fifi se veut aussi créateur de lendemain. Dans *Exil ou Abandon*, l'auteur avoue « Écrire l'histoire dans [ses] yeux » (p. 20), de cette eau laver nos souillures et surtout nos plaies. Une eau parfois noire, qui charrie des souvenirs amers :

La mer était noire
Ce soir-la
Et tes mots sur ma peau
Dansaient au rythme des vagues (Exil ou Abandon, p. 50)

Comme *Cassés*, *Exil ou Abandon*, est un livre écrit avec une sensibilité à fleur de peau. Des vers qui qui nous habiteront éternellement mais qui pourtant durent « l'age d'une minute ». Des livres qui disent les tabous, les interdits d'une jeune femme qui s'assume. Fifi est cette voix, porteuse d'espoir pour la nouvelle génération de femmes-écrivains d'Haïti. .

Wébert CHARLES

INÉMA JEUDI
la relève poétique créole

Inéma Jeudi est surtout connu comme l'auteur de ce livre à succès publié en 2011 aux éditions Bas de page, *Gouyad Legede*. Cette « succes story » a vite été interrompue par la parution anticipée de son recueil de poèmes en français *Archelle, le poème de ton sein gauche*. Malgré cela, Inéma Jeudi reste un poète aux encres fortes, disciple de Castera, relève assurée de la poésie créole.

De nos jours, en Haïti, il y a une tendance qui veut que celui qui écrit dans sa langue maternelle ne peut être considéré comme écrivain à part entière. Cela est peut-être dû aux séquelles de la colonisation où le colonisé, dans tout ce qu'il fait, souhaite à tout prix ressembler au colon. Tant que l'on ne soit pas publié dans une maison d'édition à l'étranger ou que l'on n'ait pas encore reçu un prix, preuve de sa consécration comme écrivain, il sera difficile d'avoir la reconnaissance de ses pairs.

« il y a une tendance qui veut que celui qui écrit dans sa langue maternelle ne peut être considéré comme écrivain à part entière »

Né à Jacmel, Inéma Jeudi a commencé à écrire au lycée. Il a grandi à Port-au-Prince dans les clameurs et les lamentations de cette ville déchirée et meurtrie au cours des ans comme une putain défraîchie par les rides du temps. Soucieux de ses études, enfant taciturne, il a vécu avec ses rêves dans ses poches comme un prédicateur au coin d'une rue annonçant l'évangile au premier venu. De la clameur des balles assassines aux bagarres au lycée et le tumulte de la ville qu'il traverse en temps de pluies comme à ces heures ensoleillées, tout passe dans le souffle de son verbe. C'est là à la rue Saint-Honoré, dans le clair-sombre de ces après-midis bleutés, en temps d'enfance, sur le chemin de l'école qu'il a su capter « Le chant du cygne » par-delà l'horizon.

Après ses études de Droit à l'Université d'État d'Haïti, Jeudi a travaillé comme journaliste attaché à la section culturelle à la Télévision nationale d'Haïti. Quelques trois mois après le séisme de 2010, des jeunes animés par le désir de créer un créneau pour la promotion et la vulgarisation des productions des nouvelles voix littéraires ont mis sur pied les éditions Bas de Page. C'est à Jérémie, dans la Grand-Anse, comme pour « surprendre ceux qui croient que toute initiative prenne naissance à Port-au-Prince », martèle James Pubien, l'un des instigateurs, que le projet s'est concrétisé. Et c'est sous les presses de cette maison d'édition, que le jeune Inéma publie son premier recueil de poèmes, *Gouyad legede ak Zile fou*, un chef-d'œuvre poétique créole qui l'a fait connaître à la communauté littéraire.

Ce livre, au titre assez métaphorique, sera réédité aux éditions Ruptures en 2012. C'est une vrai petite perle. Une bouffée d'oxygène pour la poésie créole que l'on croyait perdre ses droits de cité. Inema a le sens de l'image, le goût des métaphores et des phrases simples. À lire le recueil, on sent le souffle d'une poésie engagée, pleine d'innocence qui dit le parti pris de l'auteur pour la justice, le bonheur collectif donc son amour de l'autre. Aussi sa préoccupation est-elle à la fois politique et sociale. Avec une poésie qui jette un regard sur la vie et la société. C'est Lacan qui dit que « Le désir de l'homme est le désir de l'Autre ». Cette altérité trouve son essence dans l'écriture poétique créole du poète.

Membre de l'*Atelier Jeudi Soir*, dirigé par Lyonel Trouillot, en 2013, il a publié aux éditions Ruptures *San powèm pou Castera ak youn pou Dambala*, un livre-hommage au poète Georges Castera, grande figure de la poésie créole d'Haïti. Un recueil qui dit long. Il innove dans le choix du vocabulaire, la combinaison des registres, les thèmes abordés. Même s'il faut tenir compte des métaphores de l'érotisme très présentes dans ses textes, il y a lieu de relever aussi des thèmes de la nature,

« une poésie qui jette un regard sur la vie et la société »

de la terre natale, et de la vie… Ancien coordonnateur du Club Signet, une association qui fait l'apologie de la lecture réunissant ainsi tous les dimanches des jeunes de tout poil piqués par le virus du verbe dans un coin de la bibliothèque du centre culturel Araka (Apui pou Rechèch ak Animasyon Kiltirèl Ayisyen) à la rue de l'Enterrement, non loin du grand cimetière de Port-au-Prince, il a su défendre avec beaucoup d'ardeur la cause du livre. C'est que la lecture a le pouvoir aussi de faciliter le dialogue autant avec les morts que les vivants.

Son troisième recueil, *Archelle, le poème de ton sein gauche* (2013) est un livre raté. Conséquence de l'absence d'un travail éditorial. Au fait, Jeudi est un poète qui s'ignore ou plutôt qui ignore ses capacités créatrices. Comme poète créole, son style est très soigné. Raffiné. *Gouyag legede* est un livre qui se lit avec appétit. Dans une langue lumineuse, le poète exprime son refus de l'ordre social déséquilibré. L'amour et la révolution, la vie et la politique sont des éléments clés de la poésie créole d'Inéma Jeudi. Ils sont, en un mot, indissociables.

Dieulermesson PETIT FRERE

• Troisième partie

Lectures

Né en 1972, Felwine Sarr est professeur agrégé d'économie à l'université Gaston Berger de Saint-Louis. Éditeur et musicien, il est aussi un passionné de philosophie et de sciences sociales. Il est l'auteur de quatre romans parus en France et au Canada.

Felwine Sarr, *105 Rue Carnot*, Montréal, Mémoire d'encrier, 2011, 78 pages.

À la fois une adresse, un titre éponyme, *105 Rue Carnot* est l'un des récits écrits par Felwine Sarr et publié aux éditions Mémoire d'Encrier en 2011. Composé de six histoires ou tableaux, il est une sélection de quelques souvenirs/observations racontés sur un ton humoristique et affectueux par une voix qui transpire la jeunesse éternelle. Langage simple et limpide pour dire parfois le très sérieux, le texte interpelle, raconte, raisonne et refuse la facilité. Plus proche de la réalité, les personnages, les lieux, les situations sont ceux-là que l'on a connus ou entendus un jour, dans son jeune âge, et qui nous marquent toute la vie.

Le résumé des tableaux

Le livre s'ouvre par un son, mieux par une recherche d'harmonie. *Comme une symphonie...* est le titre de cette première séquence. Dans ce texte, il est question à la fois de musique, d'amour ou d'amitié et surtout de poésie. En effet, le narrateur raconte que sa première passion fut la musique qui a fini par laisser la place à la poésie. Une poésie qui a évolué en thématique passant de la révolte à l'amour avec la rencontre de Sali Badian. Alors qu'il perfectionne sa poésie avec l'appui de son professeur de français Pierre Claver, le jeune narrateur fait face au refus de Sali Badian qui ne veut pas changer leur amitié en amour. Finalement, il se contentera d'immortaliser dans sa mémoire cet instant de danse avec elle et surtout cette mélodie qui a servi de prétexte à cette danse qui a parfumé cette amitié dont il se contentera.

Irrévocable est le titre du deuxième tableau de ce récit. Ce mot à la résonnance à la fois douce et dure parle d'un refus d'accès au territoire français essuyé par le narrateur. Il devait se rendre en France parce que dans l'attestation bancaire de son père, le mot irrévocable n'est pas inscrit, alors que le même document précise que le père a les moyens de payer les études et qu'il s'engage à verser chaque mois la somme nécessaire. Malheureusement, la décision de l'ambassade est irrévocable !

Dans le troisième tableau, le point de vue de la narration change. C'est l'histoire de J qui est racontée, à la troisième personne, avec beaucoup d'humour. L'histoire devient plus intéressante et prend son sens quand le lecteur découvre que le J dont il est question dans l'histoire Le destin de J est en fait le Blue Jean. Le Jean qui est comme une arme de combat, un allié sûr pour gagner certaines causes, un compagnon de longue date comme celui de Tonton Samba Bassa qui a duré dix ans.

Un souvenir qui coûte cher est le titre du quatrième tableau. Plus qu'une histoire, cette partie est une réflexion sur le sens de la vie, des commémorations et des sacrifices qui l'accompagnent. Ainsi, il est question de sacrifice de moutons à l'occasion de la tabaski, fête musulmane du mouton en souvenir du sacrifice manqué de son fils Isaac par Abraham dans la bible. Un souvenir qui coûte la vie à plusieurs moutons et cette vie leur est ravie par ces mêmes hommes qui, pendant longtemps, ont pris soin d'eux.

Ensuite, vient la séquence la plus longue de ce récit qui raconte l'aventure d'une jeune française au Sénégal : Annie. Annie chez les pauvres raconte comment cette jeune fille en quête de renaissance après ses désillusions dans le pays natal se porte volontaire dans une ONG afin d'aller porter son aide aux déshérités d'Afrique comme le font souvent ces organisations occidentales dans les pays du Sud. Après qu'elle se soit rendu compte que la réalité de l'Afrique est tout autre que ces clichés qu'elle savait regarder à la télévision, elle rencontre Joe Ouakam qui lui dit ses quatre vérités sur ces prétendus aides des blancs. Ces mêmes blancs qui prétendent aujourd'hui apporter le développement et qu'autrefois disaient apporter la civilisation. Face à de tels arguments, Annie décide de mettre fin prématurément à son aventure chez les pauvres.

Enfin, on arrive à l'adresse annoncée par le titre du livre : 105 Rue Carnot. Dans ce tableau, la narration revient à la première personne abandonnant ainsi la troisième utilisée dans les trois histoires précédentes. À travers les yeux du narrateur, le lecteur découvre une rue pleine de richesse. Cette séquence est une histoire plurielle écrit sur le mode du vécu quotidien : les hostilités entre les deux familles habitant le même immeuble ; la description de la Villa Rose ; l'allusion à l'histoire ; la

fréquentation des lieux mondains ;
l'apprentissage ; la naissance du
benjamin de la famille, le 7e enfant,
le dernier, en attendant !

Conclusion

Récit à la fois passionnant, joyeux et
réaliste, regard sur les situations de
vie, 105 Rue Carnot a le mérite
d'être raconté par une voix et un
cœur jeunes. En cela, le récit devient
intemporel. Souvenir flairant l'odeur
de la candeur du jeune narrateur, le
sérieux n'est pas moins présent
quand il le faut. Il entraîne le lecteur
sur un territoire où l'imaginaire
embrasse le réel pour dire le beau
mais aussi le laid car la vie est une
résultante de cohabition entre les
deux. En se rappelant de tels
souvenirs d'enfance, le narrateur se
met déjà à l'école de la vie et invite
au partage de son univers qui
finalement n'est pas seulement le
sien mais aussi celui de ses lecteurs.

Jean James ESTÉPHA, M.A.

Marvin Victor est né à Port-au-Prince en 1981. Écrivain, cinéaste, son premier roman, *Corps mêlés* a reçu le Grand Prix de la Société des Gens de Lettres en 2012.

Marvin Victor, **Corps mêlés**, Paris, Gallimard, 2011, 250 pages.

Si *Corps mêlés* de Marvin Victor est jusqu'à date le plus beau roman haïtien sur le séisme, c'est peut-être parce qu'il ne parle pas du séisme... Au fait, c'est un roman qui ne parle pas. Qui se trouve entre le dire et le non-dire ; le « dire autrement » comme l'écrit si bien Rébecca Krasner au sujet du roman ou Marvin Victor lui-même dans le quatrième numéro de la revue *Legs et Littérature*.

La production littéraire autour du séisme est déjà abondante, traversant tous les genres : de la poésie au roman en passant par le théâtre, les écrivains ont usé de formes littéraires pour photographier ce réel macabre, certains dans une sorte de surréalisme ou de fantastique sans mesure. Le roman de Marvin Victor, *Corps mêlés*, ne parle pas plus du séisme que du « pays de Baie-de-Henne », d'un premier amour gâché, dont la narratrice tente de retisser les fils ou de sauver ce qu'il en reste.

Ursula Fanon, 45 ans, vient de perdre sa fille Marie-Carmen Fanon, ensevelie sous les décombres de sa maison à « la rue Magloire Ambroise » (sic), un après-midi de janvier, par « une chose » dont on ne connaît pas le nom. Et la voilà, comme dans une pièce de théâtre, dans le trois-pièces de Simon Madère, vieil amant du temps de son enfance au pays de Baie-de-Henne, père de cette fille morte sous les décombres. Comment annoncer à Simon la mort de leur fille, quand ce dernier ignore totalement l'existence de cette enfant, qui s'est vouée très jeune aux plaisirs de la chair ? Par où commencer ? Faut-il commencer par annoncer à Simon l'existence de sa fille ou sa mort ? Ursula Fanon se trouve déchirée, en proie à un dilemme, cherche une parole qu'elle ne peut en aucun cas extérioriser. À défaut de cette parole, Ursula Fanon voyage, revisite le territoire de son enfance, de sa famille à Baie-de-Henne dans un long monologue intérieur : « C'est au pays de Baie-de-Henne, à mon enfance, à ma jeunesse port-au-princienne que me fait penser cette fin d'après-midi de janvier... » (p. 155), essaiera-t-elle en vain à plusieurs reprises de dire à Simon. Ursula Fanon, contrairement à ce que l'on pourrait penser, a toujours souffert de cette incapacité à parler, qui n'est pas due au choc soudain du séisme ; à une sorte de traumatisme devant tant de corps mêlés, comme si les morts se mettaient soudainement à faire l'amour. Incapacité à parler qu'elle a toujours regrettée. En témoigne l'emploi incessant du conditionnel passé (« aurais-je dû lui dire...» « aurais-je murmuré à Simon »). Elle se bat avec elle-même pour laisser sortir la moindre parole, et quand elle finit par parler, ce n'est que pour prolonger ses souvenirs.

Cependant, il n'y a pas qu'Ursula Fanon qui souffre de cette incapacité de parler. Tous les personnages de *Corps mêlés*, fuient toute possibilité de dialogue. Simon Madère ne répondra à Ursula que par le silence ou par un simple geste. Cette incapacité de traduire ses sentiments, Rebecca Krasner, dans un article publié dans le 4e numéro de la revue *Legs et Littérature* (Traduction, réécriture et plagiat), l'appelle « réflexivité ». Est-ce cette quête d'un moyen de se faire comprendre qui pousse la narratrice à faire de longues phrases périodiques, qui se retournent sur elles-mêmes, un peu à la Marcel Proust ou Marie N'diaye ? La technique employée par Marvin sied parfaitement à l'état d'esprit d'Ursula Fanon.

Voilà, entre autres, le grand mérite de Marvin Victor, si ce n'est d'avoir fait un roman dans lequel il s'est totalement effacé, une écriture féminine qui ne laisse en aucun cas croire qu'il existe une main invisible, masculine derrière tout cela, réfutant un peu la thèse de la critique féministe laissant croire que « toute écriture est marquée par une identité sexuée ». (Lucie Robert)

Wébert CHARLES, M. Sc

Wilfried N'Sondé est né au Congo en 1969 et a grandi en France. Musicien et romancier, il vit à Berlin (Allemagne) et est l'auteur de quatre romans parus chez Actes Sud : *Le cœur des enfants léopards* (2007), *Le silence des esprits* (2010), *Fleur de béton* (2012), *Berlinoise* (2015).

Wilfried N'Sondé, **Le cœur des enfants léopards**, Arles, Actes Sud, 2007, 130 pages.

Ce livre qui a reçu, lors de sa première publication en 2007, le prix des Cinq continents de la francophonie et le prix Senghor de la création littéraire, se lit d'une traite. Comme un coup de poing dans la gueule. Un livre dépouillé de tous les artifices du roman traditionnel. Un récit haché qui met sur le tapis des questions qui ne sauraient, en aucun cas, laisser le genre humain indifférent. Le narrateur, un jeune homme à l'air sympa mais qui ne dit pas son nom, est enfermé dans une cellule. Ses pensées ne vont qu'à Mireille, son premier grand amour. C'est aussi un chant qui dit la douleur et le déchirement de l'Afrique, la terre de ses ancêtres. Son enfance avec Drissa, l'ami, le frère ; Kamel, le dur à cuir, et ces moments qu'il a vécus dans les bras de cette femme qui l'a abandonné mais qu'il continue à aimer après tout.

Tout se passe dans la tête du narrateur-prisonnier. Comme pris dans un labyrinthe, le lecteur se retrouve face à une multitude de voix, de sons, de « je » mélangeant sans arrêt des souvenirs, des rêves et des bouts de vie. Des dialogues qui se glissent ou se perdent dans le récit. Dans une langue poétique très suave, N'Sondé dit le mal-être d'un jeune Noir qui se fait le porte-parole de tout un peuple. *Le cœur des enfants léopards* est un cri de rage et d'amour. De violence et d'espoir. C'est l'histoire du continent noir et des minorités dans les quartiers de Paris, de la dignité humaine, du désir de vivre et du refus de mourir en vaincu, avec la peur au ventre. Histoire d'errance et d'enracinement, le récit décrit l'attachement du héros à la terre natale.

Plus qu'un personnage, c'est une conscience qui parle ou qui se parle en même temps qu'il prend le lecteur à témoin. Il se souvient de peu de choses. Né en Afrique, mais ayant grandi dans un quartier pauvre de Paris. Mettant ainsi au jour tous les risques liés à cette forme de vie. La vie dans les banlieues. Ainsi, *Le cœur des enfants léopards* charrie et fait vivre le calvaire d'une catégorie sociale négligée et, du coup, les conditions de vie difficiles des immigrés. Il soulève donc une question assez fragile, à savoir celle des minorités, et par extension de la culture et des identités. La difficile intégration et/ou acceptation de cette catégorie dans la société d'accueil. Le brassage des cultures et la découverte de l'autre. Et sans faire économie du rapport aux origines. Le narrateur, dans son monologue, est pétri des héritages culturels de son Afrique, son cœur, son attache.

Plutôt que de relater la cause de l'emprisonnement du narrateur, N'Sondé préfère inviter le lecteur à entrer dans son intimité pour mieux le connaître. À entrer dans ses souvenirs, pour découvrir sa vie, son histoire, son enfance. Avec ses frustrations, ses désillusions… Cet ami, Drissa, avec qui il a grandi, cette femme, Mireille, qu'il a aimée. Et la séparation, l'alcool, la violence qui suit. Son rejet dans la société d'accueil. Puis le drame… Ce n'est qu'à la fin du roman qu'on apprendra qu'il a tué un policier. Le voilà enfermé dans une cellule purgeant sa peine et prenant conscience de sa condition tout en restant attaché à son Afrique pour ne pas se sentir abandonné, dépouillé de ses croyances ancestrales. Dans l'extrait que voici, l'on voit un homme rongé, accablé par le désespoir, la détresse de son pays mais animé du désir de faire entendre sa voix et rester debout pour affronter le malheur avec courage.

Voilà mon capitaine, je suis un criminel, tu peux rentrer chez toi, surtout ferme bien ta porte verrouille tes serrures. C'est vrai messieurs les juges, j'ai pissé sur l'agent mes frustrations de pauvre, ma peur de demain, l'amour qui m'a quitté, le Congo dévasté, la détresse des amis, le pétrole couleur sang, le béton dans mes veines, la rage dans mon regard et l'invisible que je n'entends plus. Ouvre grandes tes oreilles, que tes tympans tremblent devant mon cri pour répondre présent à l'appel. C'est cette urine de pauvre que nous seuls distillons. J'ai pissé sur l'agent et j'ai cogné très fort. À toutes ces questions insensées qui torturent ma vie, j'ai répondu par mes coups de rage calme. T'es quoi en fait, français ou africain ? J'ai frappé de toutes mes forces, là où ça fait mal, encore et encore ! (p. 128)

Un roman troublant mais percutant. Plein de rage et d'humanité qu'il faut lire sans pause-café.

Dieulermesson PETIT FRERE, M.A

Evains Wêche est dentiste. Né à Corail (Haïti). Il a reçu le Prix Deschamps pour son recueil de nouvelles *Le trou du voyeur* en 2013. Son premier roman, *Les brasseurs de la ville*, paru en 2014 chez Mémoire d'encrier est réédité aux éditions Philippe Rey en 2016.

Evains Wêche, **Les brasseurs de la ville**, Montréal, Mémoire d'encrier, 2014, 193 pages.

Les brasseurs de la ville d'Evains Wêche est un roman qu'on peut lire d'un trait. Sans arrêt et sans se lasser. C'est donc un livre qui accroche dès l'*incipit* jusqu'à l'*explicit*. L'auteur utilise avec tact des mots et des phrases qui se rapprochent un peu du créole avec de constructions extraordinaires. L'utilisation de ces quelques mots créoles dans le récit fait sens dans la mesure où cela traduit ou décrit réellement la perception des personnages. Et ces derniers sont très bien construits avec un ancrage parfait dans le réel haïtien. En très peu de pages, soit 193, réparties en quatre chapitres, Wêche nous donne un beau roman qui fait de la faim l'un des axes thématiques fondamentaux de l'histoire.

Port-au-Prince est une ville crasseuse et populeuse où se concentre la majorité de la population haïtienne. C'est un endroit pour ne pas dire une capitale qui s'apparente à un vase rempli dont on n'attend que juste la dernière goutte pour qu'il se déverse. Cette ville est la *Chronique d'une mort annoncée*. Une douleur. Une plainte. Un pleur ou des pleurs. Un cri de détresse. La narratrice le dit elle-même : « *Pour moi, Port-au-Prince est un cri de douleurs* » (p.35). C'est une ville qui impressionne tout le monde uniquement parce que l'impossible est possible. Dans cette ville, le bruit est une symphonie qui ne dérange pas. Cela fait partie de son quotidien. D'ailleurs, parler de Port-au-Prince sans ces bruits qui l'environnent est une erreur grave et impardonnable.

C'est dans cette ville que se déroule l'histoire d'une famille de cinq enfants (Babette, Acélhomme, Jonathan, Yvon et Lizzie) dont le père est maçon et la mère une marchande ambulante. Elle habite dans la commune de carrefour sur la route de rails dans une petite maison crasseuse qui sent le moisi. Livrée au chômage, elle attend sans arrêt une bénédiction du gouvernement pour qu'elle puisse vivre de jours meilleurs. En attendant la faim et la soif la tenaillent. D'autant qu'elle est prête à tout donner en échange pour ne pas crever. Jusqu'à ce qu'un jour, Erickson, un homme riche, marié de surcroit, montre qu'il s'intéresse profondément à sa petite fille de 17 ans, Babette. Sans rechigner, la mère accepte dans l'espoir de voir leurs conditions de vie changer.

Les brasseurs de la ville est un roman sur la survie, la pédophilie qui est très en vogue dans la société haïtienne de nos jours. À tel point qu'elle semble devenir une norme. Roman sur la faim et le chômage qui rongent le bas peuple. Il met à nu cette société où la plupart des familles vendent leurs petites filles à peine pubères contre de la nourriture ou de quoi se vêtir. C'est une histoire qui lève le voile non seulement sur le trafic des petites filles mais aussi et surtout sur des gens de la haute société qui profitent de la misère du bas peuple pour lui enlever ce qu'il a de plus cher en échange de quelques liasses de billets.

La faim et le sexe : un prétexte à Port-au-Prince

La faim comme le sexe sont deux éléments qui participent dans les décisions des personnages. Les décisions vont avec l'immédiateté de leur faim et aussi selon le degré de l'envie de sexe qui les tenaillent C'est dire que la faim est un besoin qu'on veut satisfaire au plus vite quelque soit le prix à payer. Et même en échange d'un bien quelconque, juste pour rester en vie au cours d'une journée.

La mère de Babette, sans un sou, rêvait au jour le jour d'une condition meilleure en misant sur ses cinq enfants. Ce sont des biens qu'on doit protéger. *Les enfants sont notre bien. C'est l'avenir de la famille. On ne les donne pas comme ça. Une enfant comme Lizzie peut nous aider à sortir de la misère si elle a de l'instruction. Que ferions-nous sans Babette, par exemple ? Elle s'occupe de la famille, elle garde ses frères et sœurs* (p. 56). Un enfant est un bien précieux pour ces malheureux personnages. C'est un héritage qu'on peut transmettre à n'importe quel nouveau riche pour un moment de plaisir. Et on le fait parce qu'on a faim, ou parce qu'on a le ventre vide. On le fait pour le bonheur de notre ventre. Juste un remplissage pour une journée. Le lendemain et le surlendemain auront leur part.

Le sexe est une voie sure pour régler certaines difficultés. C'est le trafic des petites filles pour un plat. Il faut donc miser sur elles, les laisser brasser pour que l'on puisse continuer à espérer que demain sera mieux. *Demain, nous ne dinerons pas. Pas d'argent. Nous devons trop dans le voisinage pour qu'on nous fasse encore crédit. Sans la générosité de M. Verneau qui espère qu'un jour Babette voudra bien venir habiter avec lui, nous aurions avalé du vent aujourd'hui. Il n'arrête de tourner autour de notre petite* (p. 31).

Les brasseurs de la ville est un livre qui fait l'inventaire des maux d'une société décrépie, un pays pris au piège de la misère et du sous-développement.

Mirline PIERRE, M.A.

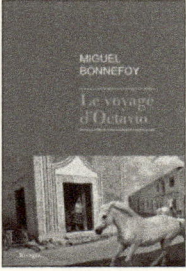

Lauréat en 2013 du prix du Jeune Écrivain de de langue française, Miguel Bonnefoy est un écrivain vénézuélien né à Paris en 1988. Professeur de français, son premier roman, *Le voyage d'Octavio*, a été sélectionné pour le prix Cinq continents de la Francophonie en 2015.
Miguel Bonnefoy, ***Le voyage d'Octavio***, Paris, Payot et Rivages, 125 pages.

Mythe ou légende ? Telle est la question qui surgit après la lecture de *Le voyage d'Octavio* de Miguel Bonnefoy. Le récit se veut être un roman pourtant certaines caractéristiques tendraient à le classer comme un roman légendaire. Sélectionné pour le prix Goncourt des lycéens, le prix Emmanuel Roblès ou le prix de la Vocation, *Le voyage d'Octavio* est un livre surprenant. Le style, la qualité du langage, la syntaxe que rehaussent la poésie et le lyrisme font du livre de Miguel Bonnefoy, une œuvre d'art.

Dans un village au Venezuela, vit Octavio, un illettré qui « avait toujours gardé ce secret, creusé dans son poing, feignant une invalidité qui lui épargnait la honte. […] Étranger à la beauté des phrases, il ne se taisait que pour sentir le silence le protéger à la façon d'une carapace, comme d'autres ne parlaient que pour sentir sur leur langue l'impatience de leurs propos. » Cependant, si Octavio savait que « ce n'est pas de vivre dans la misère qui rend misérable, mais de ne pouvoir la décrire », il savait aussi qu'il lui fallait travailler pour vivre, « sans âpreté ni avarice ». Quand il rencontra la femme qui « ouvrait son cœur à la froide clarté du sien » et qui lui dit s'appeler Venezuela, sa vie changea. « Tout les opposait. Et pourtant, sans le comprendre elle déchiffrait à ses côtés un alphabet qu'elle ignorait, une promesse primordiale, comme sur la pierre, là ou rien ne précède et où, cependant, tout semble commencer. » Pour elle, à cause d'elle et avec elle, Octavio va découvrir le pouvoir des mots, et à ce moment, « […] il fut envahi par le désir violent de renommer le monde depuis ses débuts. » Cependant, Octavio est cambrioleur. Il fait partie d'un gang pour qui « cambrioler une maison [c'est] comme écrire un poème. Cela s'ordonne avec finesse, dans un souffle d'inspiration, à la frontière délicate entre un mal nécessaire et un mot nécessaire ». Sa dernière effraction commise, Octavio « comprit qu'il signait, à cet instant, un pacte avec l'exil. »
Parti en mendiant, « son errance prit

une pureté telle qu'elle semblait inviter tout homme à la suivre aveuglément. [...] Il dépensait les plus riches heures de sa force aux obéissances des plus pauvres. [...] Dans sa marche, il avait pour le monde un dévouement presque poétique. » Octavio finit par revenir dans son village, où il s'installa dans les bas-fonds du théâtre. Là, Octavio et la statue de Saint-Paul-du-Limon qu'il nettoyait se confondit et son ami, Temistocles Jerez « fut peut-être le seul à comprendre que, sous le bois de la statue, le cœur d'Octavio battait encore. »

L'histoire se passe au Venezuela, pays de Miguel Bonnefoy, et comme une légende ou un mythe, elle est introduite par la genèse de la ville et l'événement majeur qui en changea le cours. D'ailleurs, dans le chapitre I, une présence subtile d'un « je » interne campe l'origine du village, « voici l'histoire [...] telle qu'on la trouve à peu près sous la plume du poète Andrés Eloy Blanco, dans les livres de mon pays », puis ce pronom perd son essence par une dérive vers un narrateur externe qui prend le dessus au chapitre II par l'intro-duction d'Octavio dans ce paysage picaresque. Le début et la fin de l'histoire se confondent. Au début, la narration, à la fin, la représentation théâtrale.

Si *Le voyage d'Octavio* est avant tout une histoire, un récit fictif, les personnages et les lieux sont tous des symboles. On a l'impression d'être en face d'incarnations. Ainsi, le village Saint-Paul-du-Limon serait le Venezuela dans sa genèse où « tout n'était que musique et vacarme, brume et soleil. Les rigoles d'irrigation devenaient des ruisseaux de fange où les porcs faisaient de longues siestes et que les pluies tropicales, tombant à rompre, ne parvenaient pas à nettoyer. [...] Avec le temps, touffu et foisonnant, le flanc de la colline se gonfla de baraques et de blocs, la vie ne cessant d'apparaître. » La présence de l'icône du saint, associée aux croyances populaires fait ressortir un réalisme magique propre au Venezuela.

Dans *Le voyage d'Octavio*, Miguel Bonnefoy a su révéler ses talents de grand écrivain. pour une littérature marquée dans la poésie, composée dans un lyrisme foisonnant. Pour lui, « la littérature devait aussi bien représenter ceux qui ne la lisent pas, pour exister comme l'air et comme l'eau, et toujours autrement ».

Rachel VORBE

Natasha Kanapé Fontaine est née en 1991 à Baie-Comeau au Québec. Auteur de trois recueils de poèmes parus chez Mémoire d'Encrier, elle a reçu le Prix de poésie de la Société des Écrivains francophones d'Amérique en 2013.

Natasha Kanapé Fontaine, *N'entre pas dans mon âme avec tes chaussures*, Montréal, Mémoire d'encrier, 2012, 76 pages.

Paru en 2012, *N'entre pas dans mon âme avec tes chaussures* est le premier livre et premier recueil de poèmes de Natasha Kanapé Fontaine. La même année, le livre a reçu le Prix d'excellence de la Société des Écrivains francophones d'Amérique. D'une écriture vive et poignante, les vers s'étalent sur la page comme une tâche d'encre déposée sur du papier blanc pour dire la terre natale, l'autre, la douloureuse mélopée du départ et le chant du retour. Un cri sorti des entrailles de la poétesse pour clamer son attachement au peuple Innu, son amour de ce territoire, « réserves indiennes », et « pays de m[s]a naissance ».

D'origine Innue, évoluant au Canada, Natasha Kanapé Fontaine est cette poétesse qui se cherche. À travers le recueil *N'entre pas dans mon âme avec tes chaussures*, il y a cette tentative de (ré)appropriation de soi, de l'histoire et de l'autre dans une sorte de relation à la fois intime et culturelle. Il mélange amour, tendresse, souvenirs et traditions. Dans sa quête de plénitude, l'auteure

éprouve une joie infinie de faire corps avec l'autre, son bien-aimé. En même temps qu'elle pense au bonheur du plaisir charnel, elle dresse, peint et rêve d'un monde sans frontières où tous les peuples chanteront la parfaite harmonie de l'union et du vivre-ensemble :

Bienvenu dans mon corps fatigué, affamé d'un monde
parallèle. J'ai oublié la formule qui cassait la brume des
îles lointaines. (p. 12)

Un lit d'automne, j'ai lié nos deux corps
nos peuples en désaccord. (p. 13)

Empreint de sensualité, le recueil secrète des gouttes fiévreuses de désir et de tendresse. Le lexique utilisé est très expressif (peau, cheveux, corps, langue, paupières, bras, tête, hanches, ventre, genoux, lit, étreinte, doigt, lèvres). Il évoque les lignes du corps et tous les carrefours qui conduisent aux jeux intimes. C'est dans le regard de l'être aimé que la poétesse prend goût à la vie, qu'à « la lumière sous tes paupières » et « des souvenirs sous ma peau ».

j'ai cherché ta silhouette brune
l'ombre suave
de ton amour. (p. 17)

N'entre pas dans mon âme avec tes chaussures est un livre qui dit aussi toute la complexité « d'être et d'exister » en terre étrangère. Natasha Kanapé Fontaine revient sur une question fondamentale qui hante encore nombre d'écrivains, celle de l'identité. La poétesse est si accrochée à ses racines, ses croyances, qu'elle marche « à la suite des anciens rites » (p. 30) et s'accroche à « la loi avec les Indiens » (p. 31). Sa poésie épouse la cause de tout un peuple, de toute une race racontant des légendes à la sagesse des réalités sauvages. Elle prête une oreille aux cris de détresse de son peuple et porte sur son dos le poids de leur angoisse, leur histoire :

nomade de ma terre
cœur solitude
j'ai entendu ton cri
retrace-moi
ou je m'égare

le soleil danse
la nuit. (p. 40).

Et cette alliance à l'alma mater, cette obsession du pays natal, ce trop-plein de « récits qui ne se racontent pas ».

Trop longtemps
j'ai porté mon canot
en des forêts citadines
mon pays m'appelle
mon pays me revient
j'achève mon exil
pour un retour
tremblant. (p. 44)

Voyage dans la nature, altérité, migration et amour sont entre autres autant de thématiques qui constituent la charpente du recueil. Les vers sont pleins d'humanité et témoignent de l'affection de la poétesse à l'endroit de ses ancêtres, son appartenance à la ville et son exil volontaire.

**Dieulermesson PETIT FRERE,
M.A**

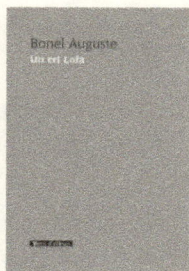

Poète et romancier, Bonel Auguste est né à Port-au-Prince en 1973. Son premier recueil de poèmes *Fas doub lanmò*, paru en 2000, a été bien reçu par la critique littéraire et par le cercle des lettrés en Haïti. Son premier roman, *Un cri Lola*, est publié en 2013 par Vents d'ailleurs.

Bonel Auguste, **Un cri Lola,** Paris, Vents d'ailleurs, 2013, 64 pages.

Ceux qui ont lu Bonel Auguste, surtout son dernier recueil de poèmes *Nan dans fanm* (2013), réédité chez LEGS ÉDITION, savent que la musique occupe une place importante dans ses vers. Le rythme, le mouvement, la répétition, la danse. C'est une écriture du son, de la cadence mais aussi des cris. Que ce soient des cris d'alarme, des cris d'amour ou tout simplement un cri de femme. Le narrateur anonyme et sans âge de son premier roman *Un cri Lola* entend des cris et les confronte aux cris du saxophone du jazzman américain John Coltrane.

Au commencement était la musique

Le livre se déroule sur fond musical. Comme le roman *Fado* de Kettly Mars, traversé par la voix de la chanteuse portugaise Amália Rodrigues. Cependant, Bonel Auguste, pour sa part, ne nous emmène pas dans les fados portugais mais plutôt chez les Américains. À la belle époque du jazz de la Nouvelle Orléans. Une véritable « odyssée des musiques noires ». John Coltrane, célèbre saxophoniste américain des années 1950-1960, est la figure dominante du livre. On y trouve également Billie Holiday, Azor, Etta James, Ella Fitzgerald et Louis Armstrong… Un bel hommage à la musique.

L'écriture du roman est rythmée, poétique, ce qui parfois peut dérouter le lecteur qui ne s'y connaît pas en poésie. Mais, tout est à éprouver, non pas à comprendre. Les vers de Baudelaire, d'Apollinaire et l'ombre d'Antonin Artaud sillonnent le livre. C'est une belle embarcation de rêves pour les amants de la musique, que n'aimeront surtout pas les mordus de romans classiques.

Lola réelle ? Lola rêvée ?

Le personnage principal souffre d'hallucination, de schizophrénie. Il entend des cris partout, même dans ses rêves. Sa compagne, Lola, est psychologue, amoureuse des théories psychanalytiques de l'interprétation des rêves, disciple aveugle de Sigmund Freud... Lola est cet être qui sait calmer les cris qui montent à la gorge du narrateur.

Un cri Lola est un bel arpentage des rues de Port-au-Prince. Mais aussi un arpentage intérieur. Un voyage intime, dans le subconscient du narrateur. À la fin du roman, Lola part étudier en France. Le narrateur se lance alors dans une quête de Lola, dans les livres tout comme au cinéma. Ce qui pourrait laisser croire que sa Lola n'a jamais existé. C'est la femme fantasmée, rêvée, comme Bonel l'a affirmé au micro de Radio France internationale à l'émission *Littératures sans frontières*. Ce nonchalant, ce dandy dirait-on, qui aime Baudelaire, n'est-il pas le créateur de Lola ? Lola deviendra la Lolita de Nabokov, mais aussi la Lola, danseuse dans un cabaret dans le film franco-italien éponyme réalisé par Jacques Demy en 1961, ou encore la Lola du poème d'Apollinaire « Est-ce ainsi que les hommes vivent ? ». Lola devient le symbole de la femme aimée, la femme rêvée sur fond de jazz, d'un amour suprême.

Wébert CHARLES, M. Sc.

Né à Hinche dans le département du Centre, James Noël est poète, chroniqueur et opérateur culturel. Il est aujourd'hui l'une des figures les plus représentatives de la nouvelle génération d'écrivains haïtiens.

James Noël (dir), *Anthologie de la poésie haïtienne contemporaine*, Paris, Seuil, 2015, 557 pages.

Malraux disait des antiquités égyptiennes entrées au Musée du Louvre : « qu'elles avaient enfin trouvé leur lieu naturel ». Peut-on se risquer à pareille remarque concernant les poèmes qui composent l'*Anthologie de la poésie haïtienne contemporaine* publiée sous la direction de James Noël ? Les textes réunis dans ce recueil ont, semble-t-il, trouvé leur destination anthologique. Pour l'amour du verbe, James Noël rassemble une soixantaine de poètes pour déclamer les travers d'un peuple qui chante son malheur à défaut de le transformer en une quête du bonheur. L'objet de ces poèmes serait facilement saisissable si le projet était simplement de dire. Or, au-delà des mots, le recueil nous parle et nous parle encore de ce pays de penia et ce ne sera pas l'inventivité de certains des 73 poètes-areytos qui nous fera penser le contraire.

De René Depestre à Georges Castera en passant par Frankétienne et Anthony Phelps le mot est désabusé et le poète fait le constat des vers brisés, des rêves enchaînés et de l'espoir qui renaît chaque matin tels nos *Gouverneurs de la rosée* dont le destin est d'aller se faner au contact de la chaleur du soleil. Dès les premiers poèmes du recueil, le lecteur est soumis à l'enchantement. Il ne manquera pas de constater que la poésie haïtienne contemporaine est éparpillée aux quatre vents, au gré des exodes, des turbulences politiques qui agitent l'île. De part en part, les 73 poètes se dévoilent comme le produit d'une littérature haïtienne toujours en partance, toujours en errance, toujours aux abords d'une mer à traverser. L'un de son petit village dans le midi de la France, l'autre dans le grand froid canadien ou encore dans les abords de Port-au-Prince, ils ont tous en commun de rêver le pays natal.

Si pour les octogénaires du collectif, Haïti est une pensée, les plus jeunes poètes de ce recueil ont les yeux fixés sur d'autres préoccupations enracinées dans le réel haïtien tout en faisant des clins d'œil à la réalité du monde. La diversité et la richesse des styles font écho à ce petit discours de Georges Anglade, *Le secret du dynamisme littéraire haïtien*, depuis devenu un grand livre. L'auteur nous décrit une littérature haïtienne rythmée par lodyans et le Rire. Ces deux marqueurs caractéristiques du récit haïtien sont nés dans les champs de canne de la colonisation et depuis ont drainé toutes les expériences de notre vivre ensemble. Les poèmes de cette Anthologie de la poésie haïtienne contemporaine répondent à merveille aux remarques anticipées de Georges Anglade. On y découvre un souffle maniant un oxymore endiablé fait de soif et d'apaisement, de colère et de tempérance, de désir et de résignation, de résilience et de fatigue. Tous les grands épisodes de notre histoire récente sont repris dans plusieurs poèmes de ce recueil.

Dans ce pays où la réalité dépasse l'imaginaire, la poésie semble s'accouder à la table de notre quotidien pour dire nos maux et les rendre, par la prose, plus acceptables. Si tant est que les données de la réalité immédiate puissent être mises en perspective, la poésie se fait, ici plus qu'ailleurs, peinture pour camper les divers aspects d'un pays qui a tout l'air de se laisser aller à l'ivresse de la dérive.

Si le choix des textes est généreux et pose quelques problèmes de cohérence d'ensemble, on aurait cependant aimé lire dans cette anthologie un certain nombre de poètes au verbe plus raffiné. Mais on connaît déjà la réponse et on ne peut tenir rigueur à James Noël pour les absences dans ce recueil. Avec l'illustre, comme avec l'inconnu, il nous livre tout simplement une photographie de la poésie haïtienne d'aujourd'hui telle qu'elle saisit le réel haïtien pris dans des liens que nul ne peut dire sinon déclamer. Certains le font avec maladresse, mais y vont avec bonne foi. Tous ont le même projet : dire notre monde. N'est-ce pas Aimé Césaire qui disait : « le rôle de l'artiste, dans la cité, est d'indiquer le chemin quand les horizons s'obscurcissent ? »

Fritz CALIXTE, Ph.D.

Féru des Belles Lettres, l'écriture semble désormais rester pour Simon Y. M. AYENA AMEVO (Togo) la seule échappatoire, et il n'y va pas de main morte. Il est l'auteur de *Souffles d'écritures* (2003), *À la recherche de ses origines* (2008) et *La rumba des amours interdites* (2013).

Asim, KanAd, *À la recherche de ses origines*, Lomé, Editions Graines de pensées, 2008, 31 pages.

À la recherche de ses origines, curieux titre que nous propose l'auteur de ce livre. L'univers de cet album jeunesse ne surprend pas quiconque qui, un instant, s'attarde sur la biographie de son auteur. Asim « un curé raté » (manqué), nous ramène dans les antres d'une vocation antidatée, attaché à ses multiples pays (univers) des merveilles. Il campe son histoire dans une contrée, non loin de son chez lui, dans la Région des Plateaux (Sud du Togo), chez les sœurs catholiques avant de nous sortir de ce cloître et nous emmener chez « ceux qui façonnent la terre » ; j'ai nommé, les Batammariba, en pays Tamberma dans la partie septentrionale, à cheval sur le Togo et le Bénin, dans une Région de savane.

Qui est donc ce narrateur choisi par l'auteur ? Que dire de ces curieuses coïncidences qui s'accumulent au fil des pages ! Celle des religieux comme personnages : Le Père Pignan » (p. 21), Sœur Théophane (p. 5). De son choix artistique de l'univers d'un orphelinat (Saint Kisito); celle de la proximité entre cette première partie du récit et le lieu de naissance et d'origine de Simon Ayena. Grand est notre besoin de convoquer « le curé raté » chez Freud pour une psychanalyse de cet Arbre-qui-cache-la-forêt que devient à nos yeux celui-ci. Qu'est-ce-que l'auteur tente de cacher, de réparer, de refaire, de parfaire-même par l'entremise de son narrateur? Point besoin de se poser mille questions. On peut se le dire tout bas : les voix du seigneur sont impénétrables ! Sinon, quelle belle harmonie des contraires ?

Le héros, –l'antihéros me parait un terme plus juste- ou en tout cas le personnage principal est un jeune garçon de six ans. L'adolescent qui (avec ses parents) faisait la liaison entre Kara et Lomé via un taxi-brousse devient le seul rescapé d'un terrible accident, dans la Région des plateaux, une des cinq régions qui constituent le Togo. Le miraculé, est « assis dans le sable, choqué » (p. 3) et recueilli par les sœurs de l'orphelinat Saint Kisito. Notons que ce miracle qui est un des aspects clés de la religion, sans nous mettre la puce à l'oreille, nous prépare à la suite des événements qui émaillent ce récit. L'enfant malgré son traumatisme, garde en main sa petite valise en carton, comme par réflexe. Il a perdu la mémoire. Des recherches menées par les sœurs pour retrouver quelques membres de sa famille demeurent stériles comme les investigations des membres de la famille du jeune garçon.

« *Quand tes parents ont disparu, nous (Santi, le chef du village Warengo) avons consulté les oracles. L'esprit de ton père nous a parlé. Nous savions que tes parents sont morts dans un accident de la route, mais que toi, tu vivais quelque part. Toutes nos recherches pour récupérer leurs dépouilles ont été vaines.* » (p. 23).

Alfrédo est autant tenace à retrouver ses origines que sa mémoire devient une porte close. La vie continue. Avec un nom taillé sur mesure : Alfredo. Son nouvel univers, est celui de l'orphelinat Saint Kisito avec ses pairs! Le garçon est « appliqué, assidu, curieux de tout, bon camarade, serviable », mais demeure toujours sans aucune souvenance de ses origines. Il le sait. « Il n'était tout de même pas tombé du ciel!» Malgré toute l'affection

dont le comblent les sœurs religieuses, «Alfredo se sentait parfois triste. » (p. 7)

KanAd, l'illustrateur à la page 6, présente les moments de grande solitude du jeune Alfredo, « au sortir de la messe », au vu de la tendresse dont chaque parent couvre son enfant. Un premier posant la main sur son enfant endormi comme pour mesurer son état de chaleur, un autre portant le sien. Ils sont tous venus en couple, posant avec attention leur regard sur leur enfant. Au loin, dans un ton gris, le groupe des sœurs et des enfants. Alfredo les regardait partir avec envie.

La photo d'un vieil homme (M'Béna) trouvée dans sa valise en carton devient l'énigme à résoudre pour donner une réponse à toutes les interrogations du jeune garçon. Ce que n'hésite pas à montrer l'illustrateur à la page 14 dans une frappante présentation du vieux M'Béna avec une piste de recherche tracée sur le ventre de celui-ci.

« *Le visage du vieil homme sur la photo lui revenait sans cesse à l'esprit(...) Le torse nu et musclé portait des cicatrices ou plutôt des scarifications, ces marquages rituels symbolisant l'appartenance à un groupe ethnique.* » (p. 15) Plus qu'un sauf conduit, la photo devient « le seul lien qui relie Alfredo à son passé. », une vraie boussole.

Un camarade de banc, à la fin des examens du CEPD blanc, à qui Alfredo montra la photo permet au jeune garçon d'en savoir un peu plus :

Tu sors d'où, toi ? Tu ne connais pas les Batammariba, ceux qui façonnent la terre dans les pays Tamberma ? » (p. 19.)

C'est un curé, l'antagoniste de l'auteur et dénommé Père Pignan qui permet à Alfrédo de se rendre dans son village. « Cela tombait bien, car le Père Pignan connaissait Santi, le chef du village Warengo » nous révèle le narrateur qui éveille l'attention du jeune Alfredo. Incarnant ce statut sous les vertus de sa plume, le narrateur réalise à plus d'un titre son rêve et celui du jeune Alfredo. Un seul nom : Warengo et l'écume du drame qui assombrit la mémoire du jeune Warengo s'éclaircit.

« Warengo ? s'écria Alfredo, mais ça me revient, mon Père ! C'est comme ça qu'on m'appelait quand j'étais petit. » Alfredo part à la découverte du pays Tamberma. Il admire « la citadelle de terre ocre. » Comme le disait le Vieux M'Bena, « cette photo contenait un peu de son âme ». Aussi un peu celui de son petit-fils.

Le Jeune Warengo dit Alfredo retrouve ses racines. Et c'est dans la lumière de la porte d'entrée d'une tata que KanAd présente le vieux Oya, le devin-guérisseur, une calebasse d'eau en main, torse nu. Avec un geste de la main, dans une grâce subtile, le vieil homme invoque les ancêtres, accueille rituellement le jeune Warengo. À ce geste, s'ajoute le bonheur des siens qui le retrouvent.

Des fragments renoncés de la vie de l'auteur sont couchés en lettres et en images. Des valeurs sociales, culturelles, historiques, écologiques, esthétiques, religieuses, touristiques et techniques émaillent ce texte. Sans doute ce qui a poussé l'Unesco à l'inscription du pays Tamberma sur sa sélective liste du Patrimoine Mondial en 2004.

Quoi de plus pour ajouter un grain de soleil comme à la planche 12 avec ses brumes d'espoir. La couleur ocre des pages portant les maux d'Alfredo constituent de bout en bout une procession vers le pays des Batammariba, sanctuaire des vrais architectes de la terre.

Alfredo est un coin de la terre qui se retrouve. Qui s'ouvre au grand jour, déterrant du tréfonds de la nuit, la lumière de ses racines avec lesquelles il renoue. On ne peut retrouver son identité sans connaitre son passé.

Le premier instrument du génie

d'un peuple c'est sa langue, dit-on, ce que retrouve Alfredo. Le petit-fils de laboureur au regard fier, retrouve les scarifications ethniques sur le ventre de son grand-père, ce sont celles inscrites sur les tatas qui lui tendent les bras.

Comme la voix du chef Santi après avoir examiné les traits du garçon puis la photo déclara en Ditammari : *-Mon fils, sois le bienvenu chez toi.*

Warengo comme beaucoup moins de jeune aujourd'hui est sur la voie de l'intégration. Il se prépare à un rituel initiatique des jeunes garçons. Il retrouve sa terre et une mère adoptive.

À la recherche de ses origines, raconte aussi que « les morts ne sont jamais partis ».

Kokouvi Dzifa GALLEY

• Quatrième partie

Créations

Jésus la fourmi
—— *Vivant Ederi*

Vivant Ederi est un jeune écrivain d'origines française et marocaine. Né en 1981, c'est un écrivain passionné par la magie et le mythe.

Jésus la fourmi

Monsieur Vivant était mort. Le corps traversé par le camion deux tonnes qui l'avait renversé ; lentement, son âme quitta son corps. Bien qu'il se rendît compte de ce qui s'était passé, il mit un certain temps avant de comprendre qu'il ne connaîtrait plus la douce odeur beurrée des crêpes de madame Rosa, ni le léger parfum des fleurs de Solange, la fleuriste du coin. Lentement, sa vie commença à défiler devant ses yeux. Ses joies, ses coups de tristesse, ses angoisses, le jour où il avait englouti un sandwich énorme lors d'une manifestation prolétaire, des journées de balayage passées dans le repli de ses pensées, alors qu'il s'évertuait à ramasser les feuilles des arbres de la rue Saint-Vincent, les conseils qu'il avait donnés à tant de personnes au gré des rencontres hasardeuses que lui fournissait son travail. Son âme montait en flèche vers les cieux. Autour de lui flottaient de nombreuses âmes. C'est fou le nombre de personnes qui meurent chaque jour. Ses songes défilaient toujours. Le sourire de madame Rosa, le jour où son père avait perdu son portefeuille et avait dû regarder dans tout le jardin pour essayer de le retrouver, avant de se rendre compte qu'il était dans la poche de son veston du dimanche, les visites de ses amis dans son studio de la rue Saint-Denis, ses petites amies qui l'avaient toutes abandonné en dépit de sa bonne volonté et de son bon cœur, le repas qu'il avait organisé à la campagne où ils avaient avalé deux oies entières à quatre personnes.

Monsieur Vivant avait l'âme légère. Ce n'est pas si grave de mourir si on ne vous tue pas tout de suite après. Si on lui demandait s'il regrettait sa vie misérable, il dirait qu'il avait été heureux, profitant de chaque instant tout au long de son existence. Ses souvenirs défilaient toujours. La fois où il s'était fait voler son idée de jeu de stratégie, le jour où il s'était fait tabasser pour avoir dit qu'il n'y avait rien de meilleur que le souffle de la vie se posant sur vos épaules, les câlins bruts de sa mère qui le serrait si fort qu'il avait du mal à respirer, ses amours d'enfance... C'est long une vie. Il s'y passe des choses, et pas des moindres. Chaque instant a sa petite importance qui vient sceller le tout dans un astre d'ensemble. S'il devait compter, il avait passé plus de temps à balayer qu'à n'importe quelle autre occupation.

Le ciel était bleu lumineux. Les anges volaient en ronde sacrée accueillant les âmes nouvelles aux paradis célestes. Alors que son dernier souvenir se perdait dans une graine de songe, monsieur Vivant arriva devant Saint Pierre.

- Alors Vivant, on est mort ?

Saint Pierre n'avait pas parlé, seule une bulle de pensée s'était échappée de son être. Monsieur Vivant ne savait pas trop comment il fallait s'adresser à lui.

- Non, je suis vivant, si je peux m'exprimer c'est que je suis encore vivant !

Saint Pierre lui sourit. Autour, on plaisantait sur son prénom.

- Vivant, ce mec, il peut jamais mourir, c'est un As.

- C'est un mort, Vivant.

- Vivant est mort, vive le vent.

Monsieur Vivant ne fit pas attention à eux. Il passa le portail du paradis pour se retrouver dans un champ où coulaient quatre fleuves d'âmes en rang serré rejoignant une lumière centrale qui éclatait de mille feux.

Monsieur Vivant prit son tour patiemment.

- On peut même regarder les fleurs en attendant !

Et en effet, entre les quatre fleuves d'âmes, un pour les humains, un pour les animaux, un pour les plantes et un pour les roches, s'étalait un amas de milliers de petits joyaux de lumière et de couleurs qui scintillaient dans le reflet du Dieu Suprême. Les fleurs du paradis embaumaient aux alentours de senteurs aux mortels interdits. Tant de joyaux que l'œil entier ne peut en contenir. Pourtant, comme partout, certains se plaignaient. L'une des âmes s'écria :

- Bah ! Tiens ! Ils ne mettent pas tant de beauté dans les fleurs terrestres !

Monsieur Vivant soupira. Si les hommes se plaignent même aux paradis… Lui, était heureux. Il n'y a même pas une heure, il était encore à balayer le boulevard Saint-Germain quand le camion avait surgi. Pour sûr, il aurait aimé vivre plus longtemps, mais à quoi bon se plaindre. On devait être en train de ramasser son corps et de l'emmener à la morgue. Enfin bon. À part madame Rosa et Solange, personne ne le plaindrait. Toutes ses pensées anciennes avaient fusionné pour créer une petite boule qu'il traînait dans son dos. Sa boule n'était pas bien grosse (c'était ça qu'on pesait ?), comparée à d'autres. Les pensées s'étaient amalgamées pour créer le plus bel effet. Il comprenait sa vie. Il était quelqu'un de simplement dévoué et heureux et avait traîné ce poids tout au long de ses jours. N'était-il pas mort pour venir à la rescousse d'un animal ?

Le chat en question était mort aussi pourtant. Il vint à sa rencontre et le remercia. Au paradis, ce n'est pas impossible de comprendre le langage des chats. Monsieur Vivant soupira.

- De quoi veux-tu me remercier, je ne t'ai pas sauvé !

Le chat opina de la tête (son âme n'avait pas gardé trace de ses blessures).

- Oui mais c'était gentil ce que tu as fait. Ton geste m'a aidé à monter ici.

Monsieur Vivant n'était pas encore très au courant des choses des morts.

- Tu veux dire que sans cela tu serais allé en enfer ?

Le chat fit non de la tête.

- L'enfer n'existe pas. D'ailleurs je ne comprends pas ce mot, c'est trop humain comme émotion. Non, tout le monde monte ici, il faut parfois un peu de temps pour que les âmes s'apaisent et soient assez légères pour rejoindre Saint Pierre, c'est tout. Dans la mort le temps est toujours beaucoup plus court qu'il n'y paraît. Tout s'y passe au ralenti. Cela vient du fait que les émotions que la mort soulève sont bien différentes de ce que l'on croit dans la vie.

C'est comme dans la vie d'ailleurs, il suffit de s'extasier de tout et plus rien n'est dur, on peut rire de tout en faisant contre mauvaise fortune bon cœur. Mais les gens qui tardent trop à s'en rendre compte font des erreurs qu'ils regrettent et ensuite leur âme est plus lourde. En tout cas merci car tu m'as beaucoup apporté même si j'aurais aimé que ce camion aille moins vite. Nous ne serions pas morts pour rien !

Monsieur Vivant caressa le museau de l'animal.

- Allons. Nous sommes toujours Vivant.

Il s'était trompé et avait exprimé son prénom à la place de la dénomination commune de toute forme de vie. Le chat le regarda et se gratta le museau. Il le fixa à nouveau et dit.

- Une vie sauvée contre une vie rendue,

Tu seras mon maître dans une autre vie !

Monsieur Vivant accepta.

- Tu penses qu'il voudrait bien…

- Tais-toi, il ne sait pas encore !

Monsieur Vivant ne savait pas ce qu'il ne savait pas encore mais il sentait bien qu'on parlait de lui. Peut-être lui réservait-on quelque grand destin.

Il croisa ses parents et ils se serrèrent dans les bras bien qu'ils ne puissent pas se toucher. Le chat repartit rejoindre la file des animaux.

Les parents de monsieur Vivant étaient morts dans un accident de voiture. Il était destiné à mourir ainsi, en somme, se dit-il en pensant à ce détail. Ses parents l'embrassèrent fort en le pressant contre eux.

- Nous voulions t'attendre avant d'aller voir les archanges et le siège divin !

En effet, certains avaient quitté les rangs pour aller flâner dans les champs de fleurs célestes. De vieux couples se reformaient, tout en se prélassant auprès des pétales de lumière et parfois même y faisant l'amour en toute impunité. Aussi, les grands artistes pouvaient-ils exprimer leur art en étant pleinement compris. Ils formaient des cercles autour desquels les âmes qui voulaient attendre pouvaient se repaître de la sagesse des plus grands. Monsieur Vivant croisa du regard Léo Ferré et lui sourit avant de détourner la tête, gêné. Il commençait à se demander à quoi rimait tout ce carnaval et ce qu'on allait faire de lui, mais il garda son calme et continua patiemment la file d'attente entre les odeurs de musc et d'ambroisie. Au loin, la lumière céleste scintillait. C'était le Dieu Suprême, saint des saints du paradis. Pas une âme qui ne passait devant lui. Le père de monsieur Vivant ne pouvait s'empêcher de faire des réflexions désobligeantes.

- Tu aurais pu faire quelque chose de ta vie.

- Oui et ne pas mourir à cause d'un chat. Ajouta sa mère.

Monsieur Vivant baissa les yeux.

- J'ai eu la vie qui était une vie et j'en suis fière. Il n'est pas un instant que je regrette.

Sa mère le serra fort dans ses bras.

- Oui enfin quand même, balayeur !

Monsieur Vivant fit non de la tête.

- C'est le travail des petites gens qui permet aux grands d'accomplir le leur.

Au loin, il entendit :

- Tu seras pris au mot !

C'était toujours le même badaud qui écoutait ses paroles.

Monsieur Vivant se demandait qui pouvait bien s'intéresser à lui et surtout ce que l'autre avait voulu dire. Il continua à avancer dans la file. La lumière divine se faisait plus proche et déjà on pouvait apercevoir les trois archanges sur leurs trônes célestes.

Ils étaient beaux et majestueux. Leurs ailes larges se repliaient et s'agitaient selon l'âme des patients, puis, le défunt rejoignait la lumière et ensuite...

Et ensuite quoi d'ailleurs ?

Lorsque ce fut son tour, et après que ses parents furent passés, monsieur Vivant s'avança vers le conseil céleste.

- Tiens, Vivant qui est mort !

- On vient de voir ses parents.

- « Non je suis Vivant ! » bredouilla-t-il. Ça n'avait plus beaucoup de sens, d'autant qu'il se rendait compte qu'au ciel, son prénom et la dénomination commune de toute forme de vie se mélangeaient. La vie est tellement importante quand on l'a perdue.

- Alors Vivant. Tu n'as pas fait grand chose d'extraordinaire dans ta vie !

Monsieur Vivant était choqué.

- C'est faux ! J'ai eu une vie formidable et je n'en demande pas d'autre.

L'archange de droite semblait être plus important que les deux autres. Gabriel lui demanda donc :

- Tu es satisfait de la vie que tu as menée ? Mais tu n'as rien fait ayant quelque grandeur en soi. Ce n'est pas...

Monsieur Vivant fit non de la tête. Il se demanda d'où il tirait une telle force.

- J'ai pris plaisir à savourer une existence tranquille et sans souci. J'en ai apprécié chaque instant vraiment. Je ne demande rien d'autre.

L'archange de gauche lui sourit :

- C'est sûr qu'on n'a pas grand chose à lui reprocher. Il s'est bien comporté avec tous et n'a jamais hésité à aider les autres. C'est une vie pleine de dévotion, bien remplie.

L'archange du milieu cria :

- Cette âme vit dans la torpeur dévote !

L'espace d'un instant monsieur Vivant sut ce qu'il voulait dire mais, dans la grande force de son âme, il la replia avant que quiconque ne puisse voir qui il était.

L'archange Gabriel toussota.

- Nous n'avons rien contre les dévots. Je pense que son âme doit rejoindre le château céleste s'il est heureux de la vie qu'il a menée. On a toujours besoin de main d'œuvre avec leurs nouvelles constructions.

Monsieur Vivant les regardait l'air hébété.

- Il y a un château ? Où ?

L'ange du milieu s'était radouci.

- C'est le château des Dieux. N'y entre pas qui veut. Ils recherchent justement des balayeurs publics en ce moment. Cette existence te conviendrait-elle ?

Monsieur Vivant resta fixé sur le bras de l'archange qui s'était tendu.

- Woaw ! Vous me proposez d'être balayeur du domaine des Dieux jusqu'à la fin des temps !

Son âme pesait le pour et le contre. Dans ces moments-là, monsieur Vivant demandait à son âme intérieure, qui était-ce déjà…

Permettez, le légendaire Roi Azram. La voix était jeune, pourtant ce n'était qu'un murmure dans le flot de ses pensées…

- Vivant veux-tu retrouver celle que tu aimes plus qu'elle ne peut être femme ?

Monsieur Vivant dit que oui.

L'âme du légendaire roi qui voyageait dans un recoin de son âme lui murmura.

- Alors tu as ta réponse !

Finalement l'archange du milieu ajouta.

- Le poste n'est pas offert à tout le monde.

Monsieur Vivant fut surpris d'être sorti de ses rêveries.

- Je crois que je vais accepter. Combien sommes-nous payés ?

L'archange Raphaël à droite sourit.

- Je ne me souviens pas que l'on ait jamais payé qui que ce soit là-haut.

Michaël qui était assis au milieu ajouta :

- Mais si cela te réconforte nous ne sommes pas payés non plus. D'ailleurs tu n'auras pas besoin d'argent là où tu vas. C'est le domaine des Dieux. On n'y mange que par gourmandise.

Il mit un temps d'arrêt.

- Alors, tu es d'accord ?

Monsieur Vivant savait qu'il devait accepter mais il semblait manquer quelque chose.

- Et le chat ? Je peux emmener le chat aussi ?

On était justement en train de peser son âme à lui aussi dans le Saint Siège des animaux.

Les trois archanges animaux, la gazelle, l'éléphant et l'hippopotame se concertèrent. Ils semblaient aussi nobles que leurs homologues humains aux ailes nacrées. Finalement Gabriel déclara :

- Nos homologues animaux ont accepté le marché. Avancez dans la lumière et attendez les instructions.

Monsieur Vivant fit quelques pas en avant. Au passage il observa la finesse d'orfèvrerie que représentaient les trônes des trois archanges et se demanda dans quelle matière ils étaient faits. Ensuite, ce fut la lumière…

Mon soleil *suivi de* Ces terres oubliées
——— *Georges Cocks*

Né à Saint-Martin, Georges Cocks est à la fois poète, romancier, nouvelliste. Il a publié : Kala-Pani, Carnet de route, Souvenirs d'antan de la Guadeloupe, Lettres et aquarelles, Le ramdam des mots, Rue François Arago, Les lettres d'Eloïse *(deux tomes) et a participé à l'ouvrage collectif* Where i see the sun, *une anthologie de la poésie saint-martinoise. Il fait partie du cercle des écrivains de la Caraïbe.*

MON SOLEIL

Quand le soleil s'éclabousse dans un fracas
silencieux et que la vie s'ébroue aux bords des
paupières, chassant les vestiges de la nuit, le règne
du silence prend fin aux abords du matin.
Mon soleil jaillissant des ténèbres sulfureux à
travers les palmes frétillantes des cocotiers, se
promène avec les formes qu'il épouse dans une
concordance exquise.
Mon soleil qui brûle,
Qui fait miroiter ma peau dans la sueur
Moi, le bois d'ébène gisant sur le drap blanc du
rebord des océans,
Bronzé de liberté,
Soumis aux alizés,
Je ne peux soutenir ton regard car ton éclat et tes
rayons perçants sont là pour guider mes pas.
C'est toi qui me rappelle chaque fois
Qu'un jour est passé
Qu'un autre a été précédé
Et que celui à venir me fera toujours vieillir.
Mon soleil !

Soleil du monde,
Soleil des Antilles,
Lumière abusée,
Trompée,
Par les mercenaires et les marchands fallacieux qui
vendent le jour et dérobent la nuit.

CES TERRES OUBLIÉES

À ces terres jadis,
Oubliées,
Éparpillées dans le vent
Dans le jardin bleu de l'océan
Où la paix fut brisée
Au bout des canons lointains.

L'homme y trouva l'homme
Mais l'homme impudent
Revendique la découverte,
Revendique la richesse
Revendique la foi
Et revendique aussi la vie.

A ces terres oubliées,
Sang de pays,
Sang de continents,
Condamnées à une révolte constante
Une résistance sans fin
Pour clamer l'innocence et le droit.

A ces terres jadis oubliées
Décachées

Pour cacher la servitude et mentir sur le sort.

A ces terres jamais oubliées de la mémoire du
Créateur
Ses perles de paradis qui explosent leur grenade de
plaisir
Dans les embruns des alizées.
A ces terres jadis peuplées de candeur, d'Adam et
d'Eve,
Flottants aux cols des volcans,
Crachées des utérus abyssales.

Pépites, Nous, rêves
Dossavi-Alipoeh Ayi Renaud

Né le 20 septembre 1993 à Lomé (Togo), Ayi Renaud Dossavi-Alipoeh est un biologiste, écrivain poète et romancier togolais. Il a publié deux recueils de poèmes et est lauréat de deux prix littéraires au Togo. Il est également blogueur sur la plate-forme Mondoblog de RFI.

PÉPITES

Des mots endiablés sont attablés
Au festin des sens
Ils boivent des paysages
Et tournent la grande roue de la pensée :
> Des mots-houes, pour labourer des rêves féconds
> Des mots-joues, à embrasser à l'infini
> Des mots-cous, à tordre à tour de bras
> Des mots-morts, à ressusciter du bout des lèvres
> Des mots-rouge-à-lèvre, à avaler goulûment
> Des mots-solitudes… pour tromper la lune et le soleil

La terre a tremblé sur une feuille de papier
Un mot-dieu s'est ébroué, une guerre quelque part s'est
estompée
Et des soleils nouveaux ont jailli des sachets d'encens
Et la foudre a mangé le mot, et le regard, au féminin,
A bu toute l'inspiration du monde, comme un baiser sauvage
Quelque part

Le mot dit sa beauté
Aux mille visages, aux mille syllabes, aux mille syntaxes, aux
mille floraisons

Les mots sont mondes
Quant à l'homme… il n'est qu'oreille et bouche, musique et
sourire.

NOUS, RÊVES

Dans la nuit endormie entre nos mains
Barbote un rêve de beaux lendemains
Faits d'or et de génie créateur
De vieux contes et de douces senteurs

Dans l'apparent trépas qui tourmente
Notre existence, un passé glorieux
S'agite, hurle et dresse la tente
A un avenir tout victorieux

Dans les échos rouillés des famines
Épidémies et guerres intestines
Crépite un fagot d'espérance
Brillant tel un grand phare tenace

Dans l'amertume indignée des mères
Aux seins saignés par famines et guerres
Retentissent les gloires de naguère
Les cauris rient des misères amères

Dans le silence tortionnaire
Du grand désespoir qui nous menace
Fleurissent de révolutionnaires
Rêves. Des pas de géants, loin du trépas.

propres chemins.

Je reprends confiance aux lendemains qui chantent.

J'aime la vie. Et la vie passe toujours par les poèmes réussis !

Novembre en déroute
—— *Marie-Josée Desvignes*

Détentrice d'un DEA en Lettres Modernes, Marie-Josée Desvignes est enseignante de Lettres modernes et formatrice d'ateliers d'écriture dans une autre vie. Auteure d'un essai sur l'enjeu des ateliers d'écriture dès l'école primaire, La littérature à la portée des enfants *(2001), d'un récit poétique* Requiem *(2013), elle a reçu de nombreuses distinctions pour son œuvre poétique.*

NOVEMBRE EN DÉROUTE

Le ciel s'offre nos larmes et nos mots,
assommés, confus, confondus.
Un puits sans fonds
s'est creusé dans nos corps,
chacun vibre, chacun tremble
dans la douceur de l'air.

Le ciel frémit de mots, fatigué,
tout secoué de spasmes, déchiré.
La saison a perdu la raison,
le ciel se pâme, l'air s'échauffe encore.
Il y a dans les rues de nos villes,
l'enveloppe d'un été perdu.

L'air était doux, c'est vrai
et novembre souriait.

Le ciel s'alliait le sort,
Perdu dans la douceur du temps,
Et Paris s'habillait
d'amour, de fierté et de rage.
Déraison d'une saison,
quand l'air brûle son en-sang
aux abords de novembre.

L'été refusait de mourir cette année,
Il faisait doux, c'est vrai.
Le diable en rit encore..

Un nœud

Mekfouldji Abdelkrim

Abdelkrim Mekfouldji est né en Algérie. Retraité de l'Éducation nationale, il détient un magister en Didactique du Français langue étrangère. Il a travaillé de 2003 à 2008 au quotidien El Watan.

UN NŒUD

Nicole n'en revenait pas :
- Tu es marié et père de trois enfants ? Mais qu'est-ce que je t'ai fait ? Pourquoi ne m'as-tu rien dit ?
Elle restait là, tout le corps vibrant telle une corde de guitare trop tendue. Lui se remémorait son passé récent de l'autre côté de la mer.

Le jour de son mariage il y a dix ans, il avait failli tout abandonner, sentant que le socle n'était pas bien fixé. Ne voulant pas déplaire à son entourage familial il accepta la première fille qu'on lui proposa. Farida était belle, instruite en arabe : ce qui permettrait à Elias de retrouver ses racines. Il en avait bien besoin, ayant vécu son enfance dans un quartier européen, fêtant Jésus à l'école, appréciant que « nos ancêtres les Gaulois étaient valeureux. » Elias dut déchanter très vite lorsque sa femme l'obligea à faire la prière, à ne la toucher qu'après s'être purifié par le rite des ablutions ; elle y tenait… Et elle était belle ! Il le fit par besoin sexuel, besoin de conquérir la gazelle.

Lorsque son désir de jouissance fut dépassé par l'habitude cette seconde nature, il voulut l'initier à l'Autre Monde : Montesquieu, Voltaire, Hugo, Apollinaire butèrent sur l'esprit fermé de Farida : elle était insensible à la beauté littéraire d'une culture qu'elle n'avait jamais approchée. Abandonnant la lutte, Elias se masturbait l'esprit seul certains soirs dans la cuisine, possédant davantage les réflexions de Rousseau, les vers d'Eluard.

Une invitation en France à un colloque sur les poètes maudits lui rétablit le contact avec la civilisation de sa première enfance. Pendant trois jours il eut à ses côtés une étudiante qui préparait une thèse sur la métaphore du corps chez un auteur maghrébin d'expression française. Le thème l'intéressa et ce qui ne devait être qu'un court séjour se transforma en un travail d'assistance nécessitant plus d'un mois de présence. Il s'y investit si fort qu'il oublia ses enfants et leur mère. Depuis déjà quelques années il ne disait plus « ma femme » à l'être auquel il s'accouplait par hygiène physique. Elle aurait rempli à merveille son rôle d'épouse et de mère pour un homme ayant fréquenté la même école, ayant eu les mêmes rêves qu'elle. Lui renaissait en ce mois de mars en retrouvant toute la parure de son enfance. Il s'oubliait des heures durant en expliquant à Nicole comment son auteur a su s'approprier et dominer une langue qu'elle considérait comme sienne. Elle était collée à ses lèvres, buvait ses paroles, ne l'interrompant jamais ; il lui ouvrait des pans entiers d'une culture ayant assimilé des siècles d'occupation. Le septième jour elle l'invita dans son studio, ramena un matelas qu'elle accola au sien.

- Ainsi nous pourrons continuer à parler et il n'est plus question pour toi de dormir à l'hôtel.

Il ne tenta même pas de protester pour la forme, se laissant guider par la main et par le cœur.

Le premier soir elle dormit la tête sur les épaules de son éclaireur, bercée par l'histoire des Croisades revue et corrigée. Il ne sut jamais depuis quand elle ne l'écoutait plus. Enivré par sa propre voix, il n'eut pas la force de se lever pour se changer. Il allongea ses pieds, arrangea la tête de Nicole sur l'oreiller et ferma les yeux.

Il fut réveillé par des chatouillements étranges sur son cou, sa poitrine velue et ses bras : Nicole le remerciait d'avoir passé une belle nuit. C'était une fontaine de tendresse coulant sur un corps frémissant Le flot était continu, intense et chaud. Elle haletait, le priait de la prendre par la force.

- Tu n'es pas à conquérir Nicole, tu n'es pas une terre à coloniser ta culture m'a appris à user de douceur, au contraire des régimes politiques de ton pays…
- Ne faisons pas de l'Histoire, l'interrompit-elle. Vivons notre histoire merveilleuse. Tu me combles et j'essaie de te le rendre ; nous sommes des êtres humains et non des lieux.
- Pouvons-nous détacher le corps de l'esprit ? tu me demandes alors d'être une bête…
- Arrête ! Je n'ai rien dit.

Il la regardait dans les yeux, promenait ses mains sur ses longs cheveux, épousait le relief de son corps prêt à l'abandon. Elias récitait mentalement Chevelure, s'enivrait des vers d'Abou nouas dits par Farida une des nuits d'été.

Des relents d'histoire éparpillés par le vent et les flots remontaient à la surface, s'entrechoquaient dans sa tête devenue lourde. Comment restituer ces morceaux d'un puzzle difficile ? Il s'évanouit. C'était à Nicole de l'observer et de l'admirer Elle voulait tant pénétrer cette Mémoire arabe tatouée de culture française, enviait la richesse d'esprit de son compagnon et précepteur. Nue, elle se serra contre lui pour n'en faire qu'un…

Elle réalisa un long moment après que la tête d'Elias avait quelque chose d'étrange Elle l'appela, le secoua mais il restait immobile Elle le pinça… Sans résultat ! Elle courut vite à la cuisinette et revint avec un grand verre d'eau qu'elle jeta au visage d'Elias. Il émergea des profondeurs, ses yeux balayant les murs pour s'arrêter sur la figure surprise de Nicole. Il la fixait du regard tout en se demandant ce qu'il faisait ici avec cette fille charmante mais comme affolée. Les derniers nuages se dissipèrent et il lui tendit ses bras. Au moment où elle ouvrait sa bouche, il lui fit le geste de se taire :
- Je crois que tu es l'autre partie de moi. Je te retrouve et je ne vais plus te lâcher. Toi et moi sommes cousus dans la même peau.

Elle prit cela pour le compliment suprême, l'embrassa et se releva pour préparer un petit déjeuner copieux.

Ils passèrent trois jours de rencontre des deux corps. La communication s'établissait par les pores d'où suintait la sueur : Elias émigrait son esprit dans un lieu qui commençait à élucider toutes les significations d'un corps pétri par la Méditerranée et cuit au soleil de la porte du Sahara.

Le quatrième jour, le réfrigérateur étant vide, Nicole daigna s'arracher à cet engourdissement. Elle peina avec les clefs, ayant vite perdu l'habitude d'ouvrir ou de fermer la porte. Le froid glacial de la large avenue qu'elle traversa lui rappela ces dernières semaines de travail sans âme, sans chaleur : une sorte d'oxygénation pour survivre dans la jungle du chacun pour soi. Mais Elias est là !

Devant les rayons du supermarché elle réalisa qu'il n'avait pas pris de bière, de vins ou de liqueurs. « Pourtant, il n'est pas croyant, ou du moins pas pratiquant… Il faudra que je lui pose la question. » Elle évita la tourte aux rayons des plats préparés, prit la précaution d'acheter des jus et des boissons gazéifiées et retourna les bras chargés au deuxième étage de l'immeuble visité par « une hirondelle ». Adossé au mur, il tenait une brune entre ses doigts jaunis par l'abus de nicotine. Ses jambes allongées se levèrent pour renverser Nicole. Elle se laissa tomber sur son ventre et releva sa tête pour cueillir les lèvres tendues. Combien de temps dura l'étreinte ? Une odeur de brûlé interrompit l'entrelacement des corps : Elias tapait du plat des mains le drap où la cigarette avait déjà percé un énorme trou.

- Tu es le feu improvisé qui ravive les souvenirs de mon enfance. Tu as pris possession de mon moi. Ta présence me caresse, me trouble et m'apaise. Est-il possible après tant d'années que je retrouve l'arbre et l'oiseau ensemble près de moi ?

Nicole l'interrogeait du regard, semblait dépassée par ce flot, n'ayant aucun fil conducteur qui lui permettrait de se retrouver avec lui. Qu'importe ! Elle avait la vague impression d'être le secours d'une parole possible émanant d'un corps désarçonné.

- Nicole, les gens de ma sorte portent une pierre au cou. Le précipice est proche de ceux qui arrivent à délier les courbes du fil. Où est l'horreur, où est l'apothéose ? Ni…cole…

La dernière syllabe – rauque, étouffée – s'accompagna d'une pression des doigts sur l'épaule relâchée de la fille. Elle l'observa et remarqua une trace humide sur ses joues ; elle remonta jusqu'à la source : les yeux semblaient las. Elle lui prit la tête entre ses seins espérant extraire cette violence interne qui émanait de son homme.

Les derniers jours de la première semaine de vie à deux permirent à Nicole d'ajouter un chapitre à son travail. C'était lui qui avait insisté à ce qu'elle n'oublie pas la raison de leur rencontre. Mais elle le retrouvait les soirs en se délectant de sa chair ou en acceptant qu'il prenne le rôle de Shehrazade. L'étudiante était consciente de sa chance d'avoir chez elle un puits qui se laissait vider sans effort mais elle était loin de se douter de l'importance extrême de sa présence, de son aura sur Elias. Ils se couvaient l'un l'autre avec la conviction pour chacun que c'était l'Autre qui avait introduit le soleil.

- Elias, j'ai comme la vague impression que quelque chose en toi m'échappe. Tu m'as rapprochée de la littérature de ton Monde tout en me fuyant entre les doigts. Je rentre chez toi et, au moment de te connaître, tu en ressors.

Elle lui parlait la tête sur les bras accoudés à la table du bar « le rond-point » où ils sont allés pour leur première sortie du nid. Le regard levé sur la barbe d'Elias, blanchie par endroits, elle attendait. Il dégustait un café fort en observant par la baie vitrée le mouvement incessant d'êtres pressés, la longue procession de bus se vidant et se remplissant sans bruit à l'arrêt maginot. Il n'arrivait pas à comprendre cet univers de silence.

- Tu ne dis rien. Que regardes-tu ?

Nicole tourna la tête vers l'extérieur et ne remarqua rien de particulier qui puisse plonger son compagnon dans cette sorte de curiosité.

- J'observe le silence et je ne veux pas l'éveiller. Est-ce ce comportement de tes concitoyens qui donne au monde tant de richesses permettant l'accès au rêve, donnant les moyens de remplir les espaces d'une vie ?

- Elias, c'est toi que je cherche. Dis-moi toi.

Il éteint sa énième cigarette et caressa le contour de la bague de Nicole ornée de figurines. Le regard méditatif, il articula :

- Mes racines sont ballottées quelque part en Méditerranée. Comment les ramasser ? Algue laminaire, où est ma fixation ?

Elle releva la tête, passa une main sur ses cheveux ; sa poitrine ressortant, Elias en suivit la sinuosité pour immobiliser ses yeux sur la pointe du sein en avant.

- Tu ne m'as toujours pas révélé ton être ! Nicole insistait.

- Nicole, depuis la quinzaine de jours que nous nous côtoyons, des brèches se sont comblées et des gouffres se sont ouverts. Je suis en ballottage et j'envie les gens au destin banal. Qui est le plus heureux ?

Abandonnant sa petite recherche, Nicole pianotait sur la table avec les deux index d'Elias. Elle avait en face d'elle une sorte d'égaré qu'elle se promettait de lui faciliter sa redécouverte pour mieux le pénétrer. Le présent n'est plus qu'attente.

Des jours passèrent. Un matin à la bibliothèque universitaire, Nicole fut attirée par une annonce dans le hall : une manifestation de solidarité pour les droits de la femme dans les pays du Maghreb est organisée pour dimanche. Elle en fit part à Elias et ils décidèrent d'y participer.

Il pleuvait ce jour-là. La centaine de parapluies multicolores empêchait les slogans dits dans une voix neutre de se propager dans les airs. Un homme trapu, la cinquantaine marquée par les rides, tapota d'une main tremblante et froide le dos d'Elias. Celui-ci se retourna et un sourire se dessina sur ses lèvres :

- Karim ! Que fais-tu là ? Depuis quand es-tu en France ?

- Une semaine mon cher ami. Et je me demandais comment te trouver. Figure-toi que les collègues, ta femme et surtout tes trois enfants s'inquiètent. Pourquoi n'as-tu pas donné signe de vie ?

Un orage éclata à ce moment précis : hasard ? Prémonition ? Nicole enleva son bras retenu au flanc d'Elias, se mit face à lui d'un mouvement brusque. Elle parla, cria même…

Revenu sur terre, Elias comprit que l'oiseau est tombé et que même l'arbre se dénudait devant ce regroupement d'hommes et de femmes venus plus par obligation morale que par la conviction d'une lutte à organiser.

- Nicole, l'évidence perverse m'exile davantage car je relève de l'arbitrage de mon sang !

Il se détacha précipitamment de la foule compacte et, la tête basse, le dos voûté, il s'engouffra dans un taxi.

Et si mère me parlait d'amour...

——— *Mirline Pierre*

Mirline Pierre détient une maîtrise en Langages, Cultures et Sociétés en milieu plurilingue de l'Université des Antilles (UA). Co-auteure des 50 livres haïtiens cultes qu'il faut lus dans sa vie (2014) et du collectif ... des maux et des rues, elle est aussi responsable de la collection Je découvre ... à LEGS EDITION.

ET SI MÈRE ME PARLAIT D'AMOUR...

Je ne l'ai pas vraiment connue. Des gens, dont des proches m'ont fait savoir qu'elle était d'une grande beauté. Elle avait ce sourire qui clamait son innocence. Sournoise. Et attirante avec ses beaux yeux qui illuminaient l'espoir des lendemains meilleurs. Elle était de haute taille et je la ressemblais seulement dans les lignes de mon sourire, me disait mon père. Ses paroles étaient douces et n'avaient rien d'autoritaire. Elle voulait faire de moi une femme douce et soumise comme elle. Mais l'avenir s'est décidé autrement. Nous avons tellement cette habitude de mentir sur l'avenir. À nous-même. Nous faisons toujours des projets pour des lendemains que nous n'arriverons jamais pas à connaître. Nous sommes des menteurs. Nous avons menti à nos familles. À nos confrères et nos consœurs. À nos amis proches et lointains. Et à une société toute entière.

Je pouvais tout donner pour la regarder dans ses yeux grands ouverts et prendre le pouls de sa respiration. Je voulais la toucher mais la coutume de chez nous ne veut pas qu'on touche aux morts, ni aux mourants. On a cette habitude de faire tout un mythe avec nos morts. Ils sont des *morts vivants*. Des vivants sans vie. Ils sont là et on parle de leurs exploits dans la famille. Ils sont dans ce grand tableau qu'on ne veut pas bruler. Parce qu'on sent que leur vie peut être régénérée sous une autre forme. Nos morts sont des vivants. Ils sont des vivants que nous ne pouvons pas ignorer.

Je n'ai pas de grands souvenirs d'elle. Du moins, aucun souvenir. Je sais qu'elle était merveilleuse et qu'elle aimait rire. Elle aimait surtout la vie, cette grande vie qui fait rêver. La dernière fois que je l'ai vue, ses yeux étaient fermés. Elle ne souriait pas. Elle était calme. Silencieuse. Mais belle dans cette robe tout empreinte de pureté. Elle avait mis ses gants de marié, disait l'une de ses sœurs. Sa bouche était fermée. Elle était comme une personne plongée dans une profonde réflexion. D'ailleurs, c'était son habitude à elle de faire des réflexions sans fin. J'avais à peine trois ans quand mon père m'a dit que ma mère est partie dans cette boîte noire à couverture. Qu'elle allait revenir. Elle est partie pour un pays lointain mais reviendra avec plein de souvenirs et de présents pour moi. J'étais très contente et je restais longtemps en silence à l'attendre.

Vingt ans depuis que je l'attendais. Et j'attends encore. Mais mon père ne se plaint pas de son absence. Il ne dit rien à propos de ses nouvelles. Au contraire, j'ai l'impression qu'il se réjouit de son absence. Il était comblé de femmes. Ces femmes qui m'appellent sans arrêt « ma fille ». Je ne veux pas être leur fille. J'attends ma mère quel que soit la durée. Je souffre tellement de son absence mais je ne peux dire un seul mot parce qu'à chaque fois, il me chante toujours la même chanson : « mère est en voyage, elle revient bientôt ».

Mère était une femme réservée. Très silencieuse comme cette maison que nous habitons maintenant. Comme ce quartier. Elle m'appela Betty. Un nom qui peut-être ne voulait pas dire grand-chose. Elle voulait que je grandisse dans l'amour de mon père. Sous sa protection. Elle m'avait laissé une si longue lettre que je n'ai pu lire qu'après mes études classiques. Mon père a su respecter sa volonté sur ce plan-là. La lettre a été précieusement gardée comme un monument. Elle disait que je pourrais la lire seulement à la lumière des grands philosophes. J'ai longtemps imaginé ce qui pourrait bien être écrite dans une lettre qu'une mère mourante a laissé pour sa fille. Peut-être s'agit-il de quelques recommandations au sujet de ce qu'il faut faire ou ne pas faire ou de questions de richesses. Personne ne sait. Je l'ai toujours entendu dire que le travail est une richesse.

Quand j'ai commencé à grandir, j'ai compris les choses autrement. Je sens que mon père mentait sur l'absence de maman. Elle ne reviendra comme le prétendait. Il ment sur mon espérance. Sur mon avenir. Sur son bonheur. Sa manière de vivre. Il me fait toujours croire que je peux devenir une femme riche rien qu'en rêvant. Pourtant, il n'a jamais été riche. La vie n'a jamais été que des rêves. Des attentes. Lui qui a passé toute sa vie à espérer, à attendre quelque chose des gouvernements. Ce gouvernement qui attend et ne vit que de promesses de l'international. En tout cas, mon père attend. Et je reste là à attendre avec lui. C'est ce qui constitue notre espoir de vivre au jour le jour.

Et si mère me parlait d'amour…

Itinéraire fantôme
———— *Sophie Boisson*

Sophie Boisson, est née en 1975 à Fontainebleau. Après ses études universitaires, elle s'établit à L'île de La Réunion, où elle réside depuis lors. Jeune poète et nouvelliste, publiée dans diverses revues et anthologies littéraires francophones, Sophie Boisson, termine actuellement l'écriture de son premier roman, tout en s'investissant dans d'autres projets artistiques qui lui tiennent à cœur.

ITINÉRAIRE FANTÔME

Une porte métallique s'abat sur la ville avec un drôle de chuintement. C'est la gomme à l'allure de réglisse mâchouillé qui l'enrobe et, collée à la hâte sur la brique, qui en a retenu l'air un instant. Un bout d'insignifiance, usé de tout...

Flotte en contrepoids de la rue et de son tumulte gras : ce panonceau aux lettres sporadiquement électrisées par un réverbère, juste au-dessus.

Terminal 666, c'est ce qu'on peut y lire. La plupart des gens qui s'en approchent, sont traversés de frissons à l'apparition de ces bribes affûtées - sans pouvoir dire pourquoi. Qui donnent (il faut tout de même l'avouer) envie de déguerpir du quartier déjà lourd du labeur de la journée. C'est pourquoi, il aurait été difficile d'imaginer qu'au verso d'une scène affligeante : puissent dériver ces hordes émotionnelles désinhibées parmi les strates bleues des cigarillos et les parfums de circonstance de fruits qui pointent leur proie.

Oui. Des femmes. Et des hommes aussi. Révoltés. Se débarrassant de leur solitude comme un juste-au-corps sale. À pas mesurés, puis, s'élançant tout à coup dans un corps à cœur endiablé. Le tango d'une nuit.

L'œil d'albâtre juste au-dessus se présente comme un fauve à l'affût. Celui-ci s'approche gueule ouverte des friandises ornant l'espace. Les pommettes rosies par un regain d'espoir ; et caressant les creux, les nuances chaudes des verres assumés au bar, jusqu'à ce que, lui et sa meute d'entre deux mondes, fassent tout chavirer. Jusqu'à ce que tout devienne flou. Se désagrège.

Leur excitation est de plus en plus forte, si bien que leur aura s'enroule autour des lampes ; que les tempes – déjà moites –, et l'intérieur des corps grésillent comme des hymnes à la vie.

Oui ! C'est tout ce qui compte à leurs yeux. Goûter au bleu-gris scintillant, en marge des règles de la rue. Qui leur permettrait enfin d'entrevoir l'autre en soi. Celui qui ose transmuer les peurs. Qui sait l'éphémère des choses. Et d'ailleurs, plus rien ne les retient. Ils l'ont compris. Tabous et fardeaux sont des reliques dont les ruines viennent d'être dispersées au seul contact d'un sourire. Oui. C'en est fini de ce jeu perfide. Insupportable.

Globe renversé, les chairs s'emmêlent, se décousent, tressautent dans la pénombre sur le velours joufflu des banquettes, tandis que des lèvres s'accouplent maintenant au temps.

Surgît alors, cette clameur de givre florissant - sang-mémoire suspendu- au rideau d'une nuit qui parsème maintenant : membres et salives en sangsues folles, jusqu'au dernier battement de brise.

Lever du jour en soi, irradiant ces cœurs à peine émondés d'une coque au vert-de-gris codifié … et, malheureusement… cueillis par ce fil arachnéen. Diabolique.

Que l'on nomme quotidien…

• Cinquième partie

Regards

Rodney Saint-Éloi élu à l'Académie des lettres du Québec

Après l'élection de Dany Laferrière au fauteuil 2 de l'Académie française le 12 décembre 2013 –cette prestigieuse institution vieille de plus de sept siècles– c'est au tour de l'éditeur et écrivain québécois d'origine haïtienne, Rodney Saint-Éloi, de siéger à l'Académie des lettres du Québec. La nouvelle a été annoncée le 18 août 2015 sur le site de l'Académie. L'auteur de *Je suis la fille du baobab brûlé* (2015), son tout dernier recueil de poèmes paru chez Mémoire d'encrier, y est admis aux côtés de trois autres hommes et une femme de lettres. Il s'agit donc de la poète Martine Audet, l'éditeur et poète Paul Bélanger, le dramaturge et scénariste Michel Marc Bouchard ainsi que le poète, essayiste et éditeur acadien Serge Patrice Thibodeau.

« Par leur expérience et le rayonnement de leurs activités, ils participeront au mandat de l'Académie afin de valoriser la langue, la culture et la littérature françaises ici et dans la francophonie », lit-on sur le site de l'Académie.

Auteur d'une dizaine de livres de poésie, Rodney Saint-Éloi est né à Cavaillon, la ville indigo du Sud d'Haïti. Mais c'est à Port-au-Prince, cette « main faite pour la tendresse du jasmin », la ville « sept carrefours », devenue de nos jours le « cadastre des tourments » qu'il a appris à connaître « le bon usage des rues, le paysage des silences et l'amitié des lauriers », comme il l'écrit dans son *Récitatif au pays des ombres* (2011).

Co-fondateur à Port-au-Prince de la maison d'édition Mémoire qui a fait connaître nombre d'écrivains importants de la littérature haïtienne contemporaine, dont Lyonel Trouillot, Gary Augustin et Yanick Lahens, il a aussi créé le magazine *Cultura* et la revue d'art et de littérature *Boutures*. C'est en 2001 qu'il a fait du Québec sa terre d'accueil, donc d'adoption. Là, deux années plus tard, soit en 2003, il crée les éditions Mémoire d'encrier, qui deviendra, en l'espace d'un cillement, un véritable carrefour d'échanges et de solidarités entre divers continents. Toujours attaché à son pays natal, il y revient à chaque fois, la tête pleine de projets qui témoignent de son engagement à son endroit.

Ainsi, en 2013, il a organisé, en Haïti, sous la présidence de l'écrivain et Académicien Dany Laferrière, à l'occasion des dix ans de Mémoire d'encrier, « Les rencontres québécoises en Haïti » –événement ayant amené une cinquantaine de personnalités du monde littéraire québécois en Haïti pour célébrer la littérature et la culture. Et deux ans plus tard, soit en avril 2015, il revient avec « Les nuits amérindiennes » pour nous rappeler à tous que « nous sommes tous des indiens d'Amérique ». Les écrivains Joséphine Bacon et Yanick Lahens étaient donc les présidentes d'honneur de cette activité.

Sélectionné pour le prix du Gouverneur général en 2013 pour *Jacques Roche, je t'écris cette lettre*, Rodney Saint-Éloi fait figure d'un écrivain et éditeur engagé. Fondée en 1944, la cérémonie de réception de du cavaillonnais à l'Académie a lieu le 9 novembre 2015 à l'Atrium de l'édifice Gaston Miron au Québec.

Dieulermesson PETIT FRERE

Prix, distinctions et événements

Prix Deschamps 2015

Le prix littéraire Henri Deschamps 2015 a été décerné au poète Marckendy Simon pour son recueil de poèmes titré *Des poèmes en bois campagne* et la mention spéciale a été attribuée à Jean Billy Mondésir pour son roman *Il faillait venir un soir*. Il a été l'occasion pour le Prix Deschamps de fêter sa 40e édition dans le domaine de la promotion des livres haïtiens.

Prix Dominique Batraville 2015

La deuxième édition du prix Dominique Batraville de la poésie créole a été attribuée en novembre 2015 au poète Clément Benoit II pour son recueil de poèmes en créole titré *Koulè lapli*. À rappeler que Clément Benoit II est l'initiateur de la foire du livre « Livres en Liberté ». Créé et présidé par l'éditeur Ancion Pierre-Paul, l'objectif de ce prix est de promouvoir la poésie en créole.

Prix Casa de las Americas 2015

Le romancier et nouvelliste haïtien Gary Victor a siégé en janvier 2016 comme membre du jury de la 57e édition du prix Casa de las Americas à Cuba. Créé en 1961, ce prix lui a été décerné en 2013 pour son roman *Le sang et la mer*.

Festival Quatre chemins 2015

La 12ème édition du Festival de théâtre Quatre chemins a été organisée du 16 au 28 novembre 2015 à Port-au-Prince et dans quelques villes de province d'Haïti. Comme presque tous les ans, les organisateurs du festival profitent de ce grand évènement pour saluer l'effort d'une figure du monde théâtral haïtien. L'invitée

Prix, distinctions et événements

d'honneur de cette édition a été la conteuse et femme de théâtre Paula Clermont Péan.

Kettly Mars, prix Ivoire de littérature africaine 2015

La romancière et nouvelliste haïtienne, Kettly Mars, a reçu le prix Ivoire de la littérature Africaine d'expression francophone pour son roman *Je suis vivant*, roman publié aux éditions Mercure de France en 2015. Créé en 2008 et présidé par l'écrivaine ivoirienne Werewere-Liking (Prix Noma 2015). Ce prix récompense, sur la base de leur qualité intrinsèque, des œuvres publiées ou traduites en français, relevant de la littérature africaine et produites par des écrivains africains.

Prix René Philoctète 2015

Le prix René Philoctète de la poésie a été octroyé au poète Ricardo Hyppolite pour son recueil de poèmes en créole *Kalonnen* et la mention spéciale a été attribuée au poète-comédien Jean Damérique, de son vrai nom Jean Berthold Civilus, pour son recueil titré *Petite fleur du ghetto*. Ces deux recueils ont été publiés aux éditions Atelier du jeudi soir ayant à sa tête l'écrivain haïtien Lyonel Trouillot, également président du jury de ce prix.

Célébration des vingt ans de la mort de René Philoctète

L'année 2015 a marqué les vingt ans de la mort du grand poète haïtien, René Philoctète (1932-1995). Fondateur du Spiralisme aux côtés de Frankétienne et Jean Claude Fignolé, il a été aussi l'un des initiateurs du groupe Haïti littéraire qui réunissait à l'époque les écrivains Anthony Phelps, Roland Morisseau, Serge Legagneur, Villard Denis (Davertige), Janine Tavernier et Marie Vieux-Chauvet. En cette occasion, une série d'activités a été organisée en son honneur.

• Sixième partie

Repères des écrivains haïtiens de la nouvelle génération

Recensement sélectif d'œuvres d'écrivains haïtiens de la nouvelle génération[1]

---

1. Ce travail est réalisé Mirline Pierre avec le concours de Dieulermesson Petit Frère et Wébert Charles à partir de recherches effectuées en ligne et dans leur bibliothèque personnelle. Nous sommes très reconnaissants envers Thomas Spear, créateur du site île en île (http://www.lehman.cuny.edu/ile.en.ile/haiti/paroles.html) qui rassemble des données importantes sur la littérature haïtienne, lesquelles nous ont été très utiles.

Bonel Auguste

- *Fas doub lanmò,* (poésie), Mémoire, 2000.
- *Fulgurance,* (poésie), Mémoire, 2004.
- *Dève lumineuse,* (poésie), Henri Deschamps, 2007.
- *Nan Dans Fanm,* (poésie), Bas de Page, 2012 ; LEGS ÉDITION, 2015.
- *Un cri Lola,* (roman), Vents d'ailleurs, 2013.

Coutechève Lavoie Aupont

- *Partances,* (poésie), Rivarticollection, 2009.
- *Déesse de la première vague du jour suivi de Partances,* (poésie), Ruptures, 2013

Stéphanie Balmir

- *Prisonnière d'un rêve* (roman), C3 éditions, 2013
- *Ma mère, Dieu, le diable et moi* (nouvelle), C3 éditions, 2015

Cynthia Bastien

- *Les mendiantes de soleil* (nouvelles), Presses nationales d'Haïti, 2005.

Franz Benjamin

- *Valkanday* (poésie), Éditions Paroles, 2000.
- *Chants de mémoire* (poésie), Éditions Paroles, 2003.
- *Dits d'errance* (poésie), Mémoire d'encrier, 2004.
- *Vingt-quatre heures dans la vie d'une nuit* (poésie) Mémoire d'encrier, 2010

Jeanie Bogart

- *Un jour... Tes pantoufles,* (poésie), Paroles, 2008 ; LEGS EDITION, 2015.
- *Paradoxe,* (poésie), Dédicace, 2011.

Faubert Bolivar

• *Sélune pour tous les noms de la terre*, (théâtre), Textes en Paroles, 2014.
• *La Flambeau*, (théâtre), Henri Deschamps, 2014.
• *Lettre à tu et à toi*, (poésie), Anibwe, 2014.
• *Mémoire de mes maisons closes*, (poésie), Bas de page, 2014.

Junior Borgella

• *Brûlures*, (poésie), éditions des Vagues, 2015.

Pierre Moïse Célestin

• *Le Cœur sur les décombres* (poésie), éditions Bas de page, 2010.

Mehdy Chalmers

• *Jaillir est la solution* (poésie), éditions Atelier du jeudi soir, 2014.

Duckens Charitable

• *La vie en marelle*, (poésie), Rivarticollection, 2006.
• *L'amour du monde;* poèmes à deux plumes (poésie), avec Denise Bernhard, Paris, Le Vert Galant, 2010.

Fabian Charles

• *Séquences d'une confusion nue*, (poésie), Zémès/Page ailée, 2009.
• *Anonymat*, (poésie), l'Harmattan, 2012.
• *Les raciness de la page*, (poésie), 2014.

Watson Charles

• *Pour que la terre s'en souvienne*, (poésie), avec Wébert Charles, Bas de Page, 2010.

- *Lenglensou*, (poésie), Perle des Antilles, 2012.
- *Plus loin qu'ailleurs*, (poésie), éditions Ruptures, 2013.
- *Insularité* (s), Legs et Littérature, revue de littérature contemporaine », #
  1, essai, (avec Dieulermesson Petit Frère et Wébert Charles), LEGS
  ÉDITION, 2013. Sélection Prix du Livre insulaire Ouessant, 2013 ;
  Sélection Prix littéraire Fetkann, 2013.

Wébert Charles

- *Pour que la terre s'en souvienne*, (poésie), (avec Jean Watson Charles,
  Bas de Page, 2010.
- *Que l'espérance demeure*, (poésie), (avec Denise Bernhardt), Le Vert
  Galant éditeur, 2012.
- *Marèl*, (poésie), éditions Ruptures, 2013.
- « Insularité (s) », *Legs et Littérature*, # 1, essai, (avec Dieulermesson
  Petit Frère et Jean Watson Charles), LEGS ÉDITION, 2013.
- « Érotisme et tabou », *Legs et Littérature* # 2, essai, (avec Catherine
  Boudet), LEGS ÉDITION, 2013.
- « *Dictature, Révolte et Écritures féminines* », *Legs et Littérature* # 3,
  essai, (avec Carolyn Shread), LEGS ÉDITION, 2014.
- *50 livres haïtiens cultes qu'il faut avoir lus dans sa vie*, essai (avec
  Dieulermesson Petit Frère et Mirline Pierre), LEGS ÉDITION, 2014.
- *Je découvre... Martin Luther King*, LEGS ÉDITION, 2014.

Jean Damérique

- Petite fleur du ghetto, (poésie), Atleier Jeudi Soir, 2015.

Sophia Désir

- *Une voix dans la nuit* (nouvelle), 2004.
- *Le meilleur vient parfois du pire* (roman), 2007.
- Au bout des errances (roman), 2009.
- *Les épines du Bonheur*, (roman), 2011.
- *À contre destin*, (roman), C3 éditions, 2014.

Myrtelle Devilmé

• *Détour par First Avenue* (roman), Mémoire d'encrier, 2012

Anderson Dovilas

• *Pwèl nan Zo*, (poésie), Lagomatik, 2009.
• *Les Îles en accent aigu*, (poésie), Le Chasseur Abstrait, 2009.
• *Liminasyon*, (poésie), Lesly Lafont, 2011.
• *Vingt poèmes pour traverser la nuit*, (poésie), Edilivre, 2012.
• *Laviwon*, (poésie), Perles des Antilles, 2012.
• *Mon pays, rien de luxe*, (poésie), Trouvailles, 2012.
• *Mémoire d'Outre-Monde*, (poésie), L'Harmattan, 2014.

Jean Durosiers Desrivières

• *Bouts de ville à vendre*, (poésie), Caractères, 2010.
• *Lang nou souse nan sous* (Notre langue se ressource aux sources), (poésie), Caractères, 2011.
• *Vis-à-vis de mes envers Suivi de Le poème de Grenoble*, (poésie), Le Teneur, 2013.
• *Paroles en crue*, (théâtre), 2010.
• *La discontinuité*, (théâtre), Arcueil, 2012.
• *Magdala / Marques déposées*, (théâtre), Alfortville, 2012.
• *La jupe de la rue Gît-le-Cœur*, (théâtre), Lansman, 2014.

Maguy Durcé

• *Décalage*, (poésie), Presses nationales d'Haïti, 2005.
• *À fleur d'île*, (poésie), 2012.

Qualito Estimé

• *Les areytos de ma muse* (poésie), éditions edilivre, 2012

Fortestson Fénélon

• *Nuit à deux battants* (poésie), éditions Page ailée, 2013

Martine Fidèle

• *Amalgame de mon silence* (poésie), 2009.
• *L'homme au sexe de fer* (nouvelles), 2011.
• *Double corps* (récit), C3 éditions, 2014.

Jessica Fièvre

• *Le Feu de la vengeance*, (roman), 1997.
• *La Bête*, (roman), 1999.
• *Thalassophobie*, (roman), 2001.
• *Les Hommes en Rouge: l'éclipse*, (roman), 2003.
• *La Bête II: Métamorphose*, (roman), Imprimeur II, 2005.
• *Les Fantasmes de Sophie*, (roman), Imprimeur II, 2007.
• Sortilège haïtien, (roman), Imprimeur II, 2011.
• *La Statuette maléfique*, (roman), Hachette Deschamps, 2001.
• *Le Fantôme de Lisbeth*, (roman), Média Texte, 2007.
• *L'Homme au pardessus jaune*, (nouvelles), Média Texte, 2000.

Kermonde Lovely Fifi

• *Cassés* (poésie), Ruptures, 2013
• *Exil ou abandon* (poésie), Ruptures, 2014

André Fouad

• *Gerbe d'espérance* (poésie) 1992.
• *En quête de lumière* (poésie), 2000.
• *Bri lan nwit* (poésie), 2000 ; Ruptures, 2013.
• *Etensel mo'm yo* (poésie), 2006.

Patrice D. Frédéric

• *Plus rien...* (nouvelles), Ruptures, 2013.

Rose Esther Guignard

• *Tézin, le poisson amoureux*, (récit), l'Harmattan, 2015.

Jean Emmanuel Jacquet

• *Homo Sensuel,* (poésie), Ruptures, 2013.
• *Quartiers d'oubli*, (roman), Ruptures, 2014.
• *Kalawoch*, Ruptures, 2015.

Anivince Jean-Baptiste

• *Descente horizontale,* (poésie) 2012.
• *Miroir pour habiter l'absence* (poésie), Choucoune, 2013.
• *De bò goch,* (poésie), Choucoune, 2014.

Jacques Adler Jean-Pierre

• *Des mots pour mourir après l'amour,* (poésie), Bas de Page, 2010.
• *Zetwal anba wòb,* (poésie), C3 éditions, 2013
• *Des mots pour mourir après l'amour Suivi de Lettre à ma fille*, C3 Éditions, 2014.

Néhémy Jean-Pierre

• *Emmuré suivi de Mots épars,* (poésie), La Courbe, 2012.

Inema Jeudi

• *Gouyad legede ak Zile fou*, (poésie), Bas de Pages, 2010 ; Ruptures, 2012.

- *San powèm pou Castera youn poun Dambala*, (poésie), Ruptures, 2013.
- *Archelle, le poème de ton sein gauche*, (poésie), Ruptures, 2013.

Henry Kénol

- *Le désespoir des anges* (roman), Atelier jeudi soir, 2009 ; Actes Sud, 2013.

Fred Edson Lafortune

- *En nulle autre* (poésie), le Chasseur abstrait, 2009.
- *An n al Lazil* (poésie), Trilingual Press, 2014.

Farah Martine Lhérisson

- *Itinéraire zéro*, (poésie), Mémoire, 1995.

Antoine Hubert Louis

- *Sève d'amantes*, Le chasseur abstrait éditeur, 2009.

Stéphane Martelly

- *Couleur de rue* (conte), éditions Hachette-Deschamps / Vanves: Edicef, 1999.
- *Le Sujet opaque, une lecture de l'oeuvre poétique de Magloire-Saint-Aude*, (essai), L'Harmattan, 2001.
- *L'Homme aux cheveux de fougère / Nèg-fèy* (conte), Soleil de Minuit, 2002.
- *La Maman qui s'absentait* (fable), Vents d'Ailleurs, 2011.
- *Inventaires* (poésie), Triptyque, 2016.

Jean Euphèle Milcé

- *Jiwèt Van* (poésie), editions Page ailée, 1999.

- *Louvri tan* (poésie), éditions de l'Île, 1999.
- *Préservation et diffusion : deux mondes incompatibles ? : proposition pour la gestion de fonds patrimoniaux en Haïti* (essai), Presses de l'Université de Fribourg, 2003.
- *L'Alphabet des nuits* (roman), Campiche éditeur, 2004.
- *Un Archipel dans mon bain* (roman), Campiche éditeur, 2006.
- *L'envers des rives* (nouvelles), Presses Nationales d'Haïti, 2007.
- *Pase m yon Kou Foli,* (roman), Presses Nationales d'Haïti, 2008.
- *Les jardins naissent* (roman), Coups de tête, 2011.
- *Mes chers petits ombres* (roman), Imprimeur II, 2015.

Jean Billy Mondésir

- *Des petites culottes* (poésie), Edilivre, 2013.
- *Il fallait venir un soir* (roman), Deschamps 2015.

James Noël

- *Poèmes à double tranchant / Seul le baiser pour muselière*, (poésie), Farandole, 2005; Le Chasseur Abstrait, 2009.
- *Le Sang visible du vitrier,* (poésie), Farandole, 2006; CIDIHCA, 2007; Vents d'Ailleurs, 2009.
- *Bon Nouvèl,* (poésie), Kopivit-L'Action Sociale, 2009.
- *Kabòn 47,* (poésie), Kopivit-L'Action Sociale, 2009.
- *Quelques poèmes et des poussières (avec Vingt-cinq poèmes avant le jour, de Dominique Maurizi),* (poésie), Albertine, 2009.
- *Des poings chauffés à blanc*, (poésie), Noroît, 2010.
- *Kana Sutra*, (poésie), Vents d'Ailleurs, 2011.
- *La migration des murs / La migrazione dei muri*, (poésie), Villa Médicis, 2012.
- *Le Pyromane adolescent*, (poésie), Mémoire d'encrier, 2013.
- *Cheval de feu,* (poésie), Le Temps des Cerises, 2014.
- *Le pyromane adolescent suivi de Le sang du vitrier,* (poésie), Seuil (Points), 2015.

Makenzy Orcel

- *La douleur de l'étreinte*, (poésie), Henri Deschamps, 2007.
- *Sans ailleurs,* (poésie), Arche Collectif, 2009.
- *À l'aube des traversées et autres poèmes*, (poésie), Montréal, Mémoire d'encrier, 2010.
- *Les Immortelles*, (roman), Mémoire d'encrier, 2010; Zulma, 2012.
- *Les Latrines,* (roman), Mémoire d'encrier, 2011.
- *L'Ombre animale*, (roman), Zulma, 2016.

Iléus Papillon

- *Dans la prison de ton corps*, (poésie), Imprimerie Vilsin, 2009.
- *Tessons de vers*, (poésie), Bois d'Orme, 2010; Presses Nationales d'Haïti, 2012.
- *Tribòbabò*, (poésie), Presses Nationales d'Haïti, 2012.

Jean-Mino Paul

- *Le sang de l'oubli*, (poésie), Ruptures, 2012.
- *Dans les empreintes des bottes*, (récit), Ruptures, 2015.

Dieulermesson Petit Frère

- *Rêves errants*, (poésie), Édilivre, 2012.
- *Romances du levant*, (poésie), Ruptures, 2013.
- « Insularité (s) », *Legs et Littérature*, # 1, essai, (avec Wébert Charles et Jean Watson Charles), LEGS ÉDITION, 2013.
- *50 livres haïtiens cultes qu'il faut avoir lus dans sa vie*, essai (avec Wébert Charles et Mirline Pierre), LEGS ÉDITION, 2014.
- « Migration et Littérature de la migration », *Legs et Littérature*, #5, essai (avec Mirline Pierre), LEGS ÉDITION, 2015.
- « La littérature jeunesse », *Legs et Littérature*, # 6, essai (avec Mirline Pierre), LEGS ÉDITION, 2015.

• *Je découvre... Vivianne Gauthier*, Biographie, LEGS ÉDITION, 2014.

Mirline Pierre

• *50 livres haïtiens cultes qu'il faut avoir lus dans sa vie*, essai (avec Dieulermesson Petit Frère et Wébert Charles), LEGS ÉDITION, 2014.
• « Migration et Littérature de la migration », *Legs et Littérature* # 5, essai (avec Dieulermesson Petit Frère), LEGS ÉDITION, 2015.
• « La littérature jeunesse », *Legs et Littérature* # 6, essai (avec Dieulermesson Petit Frère), LEGS ÉDITION, 2015.
• *Je découvre... Dany Laferrière*, Biographie, LEGS ÉDITION, 2014.

Beaudelaine Pierre

• *Testaman* (roman), 2002.
• *La negresse de Saint-Domingue* (roman), L'Harmattan, 2011.
• *Ratures aux Quotidiens*, (nouvelle), avec Gaspard Dorelien, 2005.

Jean Jacques Pierre-Paul

• *Délirium poetum,* (poésie), Marche infinie, 2013.
• *Fleur d'existence,* (poésie), Marche infinie, 2013.

Emmelie Prophète

• *Des marges à remplir*, (poésie), Mémoire, 2000.
• *Sur parure d'ombre*, (poésie), Mémoire, 2004.
• *Le Testament des solitudes*, (roman), Mémoire d'encrier, 2007.
• *Le Reste du temps*, (roman), Mémoire d'encrier, 2010.
• *Impasse Dignité*, (roman), Mémoire d'encrier, 2012.
• *Le désir est un visiteur silencieux*, (récit), C3 Éditions, 2014.
• *Le bout du monde est une fenêtre*, (roman), Mémoire d'encrier, 2015.

James Pubien

• *Atelier*, (poésie), Bas de pages, 2010.

Guy Régis Junior

- *Ida*, (théâtre), Rivarti collection, 2006, Vents d'Ailleurs, 2013.
- *Le Trophée des capitaux* (roman), 2005, Vents d'ailleurs, 2011.
- *De toute la terre le grand effarement* (théâtre), Les Solitaires Intempestifs, 2011.
- *Moi, fardeau inhérent* (théâtre), Les Solitaires Intempestifs, 2011.
- *Le Père* (théâtre), Les Solitaires Intempestifs, 2011.
- *Incessants* (fiction), Les Solitaires Intempestifs, 2011.
- *Mourir tendre* (théâtre), Les Solitaires Intempestifs, 2013.

James Saint Félix

- *Derandan pou ekzosize malè*, (poésie) Ed. Perles des Antilles, 2015.

Jean Érian Samson
- *Ma dernière séquence*, (poésie), éditions des Vagues, 2014.

Markendy Simon

- *Je ne pardonne pas au malheur* (poésie), Atelier du jeudi soir, 2011.
- *Poèmes en bois de campagne* (poésie), Henri Deschamps, 2015.

Yves Romel Toussaint

- *La face double du rêve* (poésie), Le vert Galant, 2011.
- *Tremblements de cœur* (poésie), Le vert Galant, 2012.
- *La vocation de l'enfer* (poésie), Ruptures, 2013.
- *Là où le cri devient corrosif* (poésie), Le Boucanier, 2015.

Emmanuel Vilsaint

- *Lonbray pou lanmò*, (poésie), Anibwe, 2010.
- *Maudit cas de Jacques, journal d'une putain violée*, (théâtre), Teham Editions, 2014.

Nedjmhartine Vincent

- *Territoires interdits* (nouvelles), Henri Deschamps, 2014.

Evains Wêche

- *Le trou du voyeur* (nouvelles), Henri Deschamps, 2013.
- *Les brasseurs de la ville* (roman), Mémoire d'encrier, 2014 ; Philippe Rey, 2016.
- *Les sept quartiers de la parole,* (nouvelle), Ruptures, 2015.

Liste des rédacteurs et contributeurs :

Mekfouldji ABDELKRIM
Sophie BOISSON
Catherine BOUDET
Fritz CALIXTE
Jean Watson CHARLES
Wébert CHARLES
Georges COCKS
Guillemette DE GRISSAC
Marie-Josée DESVIGNES
Vivant EDERI
Jean James ESTÉPHA
Kokouvi Dzifa GALLEY
Aqiil GOPEE
Didier Mukaleng MAKAL
James NOEL
Markenzy ORCEL
Dieulermesson PETIT FRÈRE
Mirline PIERRE
Dossavi-Alipoeh Ayi RENAUD
Ghislaine SATHOUD
Carolyn SHREAD
Rachel VORBE

Déjà parus

- *Insularité(s)*, No. 1, Janvier 2013
- *Érotisme et tabou*, No. 2, Juillet 2013
- *Dictature, révolte et écritures féminines*, No. 3, Janvier 2014
- *Traduction, réécriture et plagiat*, No. 4, Juillet 2014
- *Migration et littérature de la diaspora*, No. 5, Janvier 2015
- *Littérature jeunesse*, No. 6, Juillet 2015

Imprimé pour le compte de LEGS ÉDITION
26, delmas 8, Haïti
(509) 49 28 78 11/37 48 59 51
legsedition@fr.ht
www.legsedition.com